BREIZH Café

Conception graphique et réalisation : **BABYLONE**19
Photographies © Marie Pierre Morel, sauf page 14 © Philippe Érard

ISBN : 978-2-7324-6377-3
Connectez-vous sur : www.editionsdelamartiniere.fr

BREIZH CAFE

60 RECETTES AUTOUR DES PRODUITS DU **TERROIR**
BRETON

BERTRAND LARCHER

COORDINATION DES TEXTES SOPHIE BRISSAUD

PHOTOGRAPHIES MARIE PIERRE MOREL

Éditions
de La Martinière

SOMMAIRE

BAIE DU MONT SAINT-MICHEL

Un des plus beaux sites au monde.

CANCALE

Cancale a reçu du Conseil national des arts culinaires la distinction de site « remarquable du goût ».

Célèbre pour ses parcs d'ostréiculture dont les produits font le tour du monde. C'est un port qui vit toute l'année.

PARIS CANCALE TOKYO
BREIZH Café
PARIS CANCALE TOKYO
BREIZH Café
PARIS CANCALE TOKYO
BREIZH Café
PARIS CANCALE TOKYO

BAIE DU MONT SAINT-MICHEL

*Le spectacle de la mer ;
cette lumière exceptionnelle
qui change sans cesse au gré
des marées.*

BAIE DE LA RANCE

Ce site possède un cachet unique, avec ses paysages naturels préservés et ses vergers de pommiers.

Saint-Suliac, distingué comme « ville d'art et d'histoire », est un des villages les plus pittoresques de France.

CHAMP DE SARRASIN

MONT SAINT-MICHEL

INTRODUCTION

PAR BERTRAND LARCHER

Pour comprendre Breizh Café, il faut d'abord connaître mes origines. Né dans une ferme bretonne, près de Fougères, je suis issu d'une famille modeste qui a toujours su vivre en autosuffisance : mes parents cultivaient leur jardin potager, élevaient leurs cochons, leurs vaches, leurs poules et quelques chèvres. Dès l'enfance, j'ai été nourri aux produits sains et frais de ma région, *ce qui m'a rendu non seulement exigeant sur la qualité des produits mais aussi respectueux des hommes et des femmes qui les réalisent. Très tôt, j'ai eu la conviction que leur travail était pour nous une leçon d'humilité, car sans eux, il ne saurait y avoir de cuisine exceptionnelle. Depuis, mon respect pour eux n'a fait que se renforcer. Leur fréquentation est aussi un grand stimulant pour Breizh Café, qu'il faut voir non seulement comme une enseigne de crêperies mais surtout comme un présentoir, un point de communication pour tous ces produits et leurs producteurs. Breizh Café n'est pas seulement un restaurant : c'est un lieu de partage des connaissances. Je l'ai toujours envisagé ainsi et ne cesserai jamais de le faire.*

C'est là l'un des trois objectifs fondamentaux de Breizh Café. Le deuxième relève aussi du partage des connaissances : servir modestement de pont entre deux cultures, la bretonne et la japonaise. C'est le résultat de ma découverte de la culture japonaise que les hasards de la vie m'ont permis de développer. Je ne parlerai pas de fusion culinaire mais de rapprochement de deux cuisines *à travers ce qui les rend compatibles : le Japon mange du sarrasin, la Bretagne aussi. Le Japon est un archipel, la mer y est omniprésente et les produits marins constituent une grande part de l'alimentation de ses habitants : c'est aussi le cas de la Bretagne, péninsule aux côtes profondément découpées. Aussi bien à travers nos crêpes et nos galettes, où se rencontrent produits japonais et bretons, qu'au restaurant (cent pour cent japonais), La Table de Breizh Café à Cancale, je cherche à mettre en œuvre* cette union des cultures.

Le troisième objectif, c'est le plaisir, décuplé par la curiosité. Il y a tant de saveurs à découvrir, ne serait-ce qu'à travers les nombreuses variétés de cidres fabriqués dans le monde, de la Bretagne au Japon ! Ma démarche est avant tout gourmande : c'est le goût qui crée l'harmonie entre les tendances originales qui animent Breizh Café. À la ferme, nous mangions bien, vrai et simple. J'ai appris à être direct dans ma recherche du goût, à éviter les faux-semblants. Être aussi scrupuleux dans le choix du sarrasin d'une galette que dans celui d'un saumon fumé : c'est à la fois l'exigence du paysan et le perfectionnisme japonais, car au Japon, j'ai aussi appris l'amour de la discipline et le souci du détail.

Rien d'étonnant, avec une telle éducation, que j'aie manifesté très jeune un désir de faire de la cuisine mon métier. Après avoir suivi les cours de l'école hôtelière de Dinard, je suis parti travailler au Harry's Bar de Genève, qui était à la fois un bar à cocktails et un restaurant. Au côté de son propriétaire, Beat Schmid, j'y ai appris la rigueur, la gestion, le contact avec le client. Un jour, une jeune femme entra dans un restaurant japonais que Beat venait d'ouvrir et qu'il m'avait confié. Beat avait tracé ma carrière, je l'ai brisée pour suivre Yuko à Tokyo, dans un pays dont je ne parlais pas la langue et qui m'occasionna un sacré choc culturel à l'arrivée... en même temps qu'un grand choc culinaire. À présent, je parle couramment japonais, mais je n'ai jamais oublié ces premiers temps où j'apprenais cette langue en cours intensifs de huit heures par jour. J'avais l'ambition de créer mon restaurant, et après étude du marché je m'aperçus qu'il n'y avait pas de crêperie bretonne au Japon. Je décidai d'en créer une, en dynamisant la formule par des valeurs ajoutées : présenter la crêpe autrement, *jouer la simplicité et le goût, mettre la Bretagne à la portée de tous : ce fut Le Bretagne, en 1996, une enseigne à Kagurazaka et une autre à Omotesando, puis une à Sapporo.*

Après le succès de ces restaurants, j'eus envie de « rapporter » la formule en France et de tester mes compétences en Bretagne. L'année 2002 fut celle de l'ouverture du Tivabro, à Fougères, où je mis en application mes principes : travailler des produits locaux, développer mes connaissances sur le cidre, chercher le meilleur. En 2005, ce fut Breizh Café à Cancale, suivi du Breizh Café à Paris en mars 2007 et, en 2014, du Comptoir Breizh Café à Saint-Malo et d'un bar à cidres à Tokyo. D'autres Breizh Café avaient ouvert entre-temps au Japon : à Yokohama, à Kawasaki, à Nagoya, à Kyoto et à Tokyo (Ginza et Shinjuku).

Je pense que le sarrasin a été un élément déterminant dans mon projet de mariage culinaire entre Bretagne et Japon. La découverte des soba (nouilles de sarrasin) fut pour moi un grand choc : elle m'a rassuré. J'ai compris que le Japon était le pays du sarrasin, car tous les Japonais mangent des soba et leur vouent un véritable culte. Si mon intention de leur faire manger du sarrasin à ma façon, *avec du cidre, de la pomme, du porc et du beurre était un vrai challenge, le Japon m'a appris que le sarrasin était beaucoup plus qu'une enveloppe pour galette : sa finesse, sa profondeur et son goût sont devenus évidents et essentiels pour moi.*

Pourquoi Breizh Café à Cancale ? Parce que Cancale et la région de Saint-Malo sont un lieu magique, unique en Bretagne. C'est le garde-manger du coin : on y trouve les meilleurs produits et les meilleurs producteurs — ostréiculteurs, pêcheurs, maraîchers, éleveurs, cidriers... Parce que j'y suis bien, parce qu'il y règne un climat, une lumière, une générosité et un esprit à part. Parce que je suis, entre Bretagne et Normandie, aux premières loges pour étudier et valoriser le cidre*, trop souvent considéré comme une boisson de « plouc ». Au contraire, je veux lui donner le rang qu'il mérite, et c'est la motivation première des généreuses cartes de cidres de mes restaurants : allez, goûtez-moi ça ! C'est plus naturel que la majorité des vins, ça peut même vieillir en fût et en bouteille, aucun cidre ne ressemble à un autre, et quel plaisir !*

Et s'il n'y avait que le cidre ! Il y a aussi... tant de choses. Les galettes, le sarrasin, bien entendu, mais aussi les légumes de la région, le porc — le lard, l'andouille, les saucisses, le boudin — l'agneau de pré-salé, les poissons et les fruits de mer, les huîtres, le beurre et la crème...

C'est un peu tout cela que je cherche à réunir dans ce livre, dont les recettes consistent presque exclusivement en galettes et en crêpes. En fait, c'est beaucoup plus que des galettes, c'est toute une région que je cherche à exprimer sur du sarrasin et du froment. C'est mon enfance à la ferme et les bonnes choses que nous y mangions. C'est le poêle à bois en hiver et les parfums qui tournent autour. Les soixante recettes de Breizh Café résument ma démarche autour des produits de la Bretagne mais aussi du Japon, en une fusion nippo-armoricaine *qui est la touche particulière de la maison. Des formes nouvelles — Breizh roll et amuse-galette — côtoient la forme traditionnelle. Et comme il ne saurait y avoir de Breizh Café sans bons produits, je commente, au fil des pages, mes ingrédients préférés.*

Lorsque j'ai ouvert ma première crêperie en Bretagne, mes parents n'étaient pas enchantés. Dans ma jeunesse, ils s'étaient endettés et avaient racheté leur ferme dans l'espoir que je reprenne un jour leur activité. « T'iras à l'école d'agriculture ! » disait toujours mon père. Mais moi, voyant leurs difficultés, j'avais simplement envie de devenir vite indépendant afin de les délivrer de cette charge financière. Lorsque j'ai ouvert Tivabro, ma mère m'a fait observer qu'elle ne m'avait pas envoyé à l'école hôtelière de Dinard pour ouvrir une crêperie. Et pourtant, ça a bien marché, comme la plupart des restaurants que j'ai ouvert. Même si je n'ai pas choisi le métier de paysan, j'ai toujours gardé cette âme de la terre *et je n'ai pas changé. Je fais la même chose que mes parents et mes ancêtres, mais d'une autre façon.*

PRODUITS PHARES

DU TERROIR BRETON

Toute la diversité gourmande des terroirs bretons se trouve dans ces produits attendus — cidre, beurre demi-sel, chouchenn, sarrasin, sardines, huîtres, crabe, lait ribot — et moins attendus — chèvre frais, canard, fromage Curé Nantais®, miels et confitures. Ils méritent qu'on parle d'eux et qu'on leur prête réellement attention. Parmi ces produits, vous trouverez un intrus qui n'en est pas un : le yuzu, agrume japonais délicieusement aromatique que j'aime « acculturer » en version crêpe Suzette.

CHAMP DE SARRASIN

Le beurre renforce les saveurs ; c'est un exhausteur de goût. En Bretagne, on n'utilise pas d'huile d'olive : on utilise du beurre. Et on aime le manger cru. Il est salé, toujours salé : c'est une spécificité bretonne.

LE BEURRE

Mon père était allergique aux vaches hollandaises. Dans la ferme de mon enfance, nous avions des vaches de diverses races locales, ainsi que des normandes, mais aucune holstein (cette vache noire et blanche que sa productivité a transformée en symbole de l'élevage industriel et de la production laitière intensive) ne mugissait dans son étable. Pour faire du bon beurre, il faut du bon lait. Or, les vaches autochtones de notre région — la pie-noir bretonne, la froment du Léon — et les vaches des voisins telles que la normande ou la jersiaise sont des laitières de premier ordre, produisant un lait riche et savoureux et donc un beurre bénéficiant de toutes ses qualités.

Le beurre renforce les saveurs ; c'est un exhausteur de goût. En Bretagne, on n'utilise pas d'huile d'olive : on utilise du beurre. Et on aime le manger cru. Il est salé, toujours salé : c'est une spécificité bretonne. Avant l'ère de la réfrigération, le sel était ajouté au beurre pour des raisons de conservation. Il y est maintenant pour des raisons de goût : nous, Bretons, nous ne pouvons pas nous passer du beurre salé. Nous en mettons partout, sur les pommes de terre, sur les galettes, sur les crêpes, sur les tartines, avec la confiture... Qui n'a pas encore essayé cette association divine — du beurre salé sur du bon pain frais et un peu de confiture d'abricots sur le tout — doit le faire sans attendre. Ce petit goût de sel dans le sucré est un des secrets de notre culture. Qui sait si ce n'est pas lui qui a mené, au xxe siècle, à la création du caramel au beurre salé dans la région de Quiberon ? Après tout, cela devait arriver un jour, puisque toutes nos pâtisseries sont au beurre salé.

Depuis l'origine, Breizh Café travaille avec Jean-Yves Bordier, crémier et affineur à Saint-Malo, pour la qualité de ses produits, pour son fantastique beurre demi-sel, mais aussi pour ses beurres aromatisés. Ce beurre a une exceptionnelle intensité en bouche. Il me rappelle les beurres de mon enfance : ma tante était épicière et recevait tous les jeudis des mottes de beurre de dix kilos, qu'elle vendait aux habitants du quartier qui venaient la voir, leur petit bol à la main. Ces mottes avaient une couleur jaune intense, une saveur unique, une odeur de prairie et de fleurs.

Je me sers des beurres aromatisés pour accentuer le goût des crêpes et des galettes. Si je veux réaliser un accord terre-mer avec du sarrasin, je peux procéder de deux façons : soit en préparant des soba (nouilles de sarrasin) avec des algues wakame, soit en faisant une galette croustillante avec un bon morceau de beurre Bordier® aux algues. Par cette capacité à transmettre et sublimer les arômes, le beurre est irremplaçable.

LE CARAMEL AU BEURRE SALÉ

C'est à Quiberon, au milieu des années 1950, que fut créée cette incontestable spécialité bretonne, qui emprunta par la suite diverses formes : Niniches (sucettes allongées) et Salidou de la Maison d'Armorine — qui semble avoir été une pionnière de la tendance, ayant planté dès 1946 sa cabane au bord de la plage —, CBS (Caramels au Beurre Salé) du chocolatier-confiseur Henri Le Roux... Quoi qu'il en soit, le caramel au beurre salé est devenu un ingrédient à part entière, bien ancré dans le domaine public, et parfaitement à sa place sur une crêpe de froment. Certains lui ajoutent de la crème ; nous ne le faisons pas toujours. La crème adoucit et arrondit le caramel, mais pour ma part je l'aime un peu brûlé. Il me rappelle mon enfance et les pommes que l'on cuisait au four à bois avec du cidre et du sucre. Inutile de préciser qu'entre mômes, on se battait pour nettoyer le plat.

LE CIDRE ET LA POMME

« Viens boire un coup d'cid' ! »
Chez nous en Bretagne, en Normandie aussi, cette phrase signale le début des festivités, le pot de l'amitié, la bolée qu'on se partage. Pour moi, c'est aussi un souvenir d'enfance : à la ferme, mon père faisait du cidre. Il ne maîtrisait pas toujours la fermentation, ni les bactéries, et parfois ça dérapait un peu : on obtenait des arômes pas forcément désirés, mais tel qu'il était, nous l'aimions et tout le monde en profitait. Enfin, le cidre en surplus était transformé en calvados. Nous en faisons moins qu'en Normandie, mais nous en faisons. Il m'en reste, vieilli en fût et conservé en bonbonnes. Un très vieux calva couleur café, que l'on sort pour les fêtes familiales.

Breizh Café s'est défini dès le début comme un concept de crêperie mais aussi de bar à cidres, avec le slogan « Le cidre autrement ». Le cidre est encore trop souvent considéré comme une boisson de seconde zone : j'insiste, au contraire, pour mettre en valeur sa noblesse, sa finesse et l'extraordinaire variété de ses crus et de ses origines. En même temps que le cidre, je mets en avant le poiré et tous les breuvages fermentés à base de pomme ou de poire, voire aussi de miel (chouchenn). Nos cartes de cidres, en France et au Japon, comportent une vingtaine de références ; le Comptoir Breizh Café, à Saint-Malo, en propose une soixantaine, sélectionnées avec l'aide de ma sommelière Carine. Nous découvrons constamment de nouveaux cidres et poirés du monde entier : de France, du pays Basque, d'Espagne, de Suisse, d'Allemagne, du Japon…

Les cidres bretons sont l'héritage de la biodiversité locale : quelque trois cents variétés de pommes ont été dénombrées dans la région : rouget de Dol, peau-de-chien, marie-ménard, douce moën, guillevic… Actuellement, de jeunes producteurs réintroduisent des variétés de pommes anciennes pour étudier leurs assemblages. La variété guillevic, la pomme bretonne par excellence, est de plus en plus plantée, inspirant même à certains des cidres monovariétaux : fine et aromatique, très équilibrée entre douceur et acidité, cette pomme, c'est notre champagne.

Je suis déçu par le peu de crédit dont bénéficient encore les cidres et les poirés dans la restauration, y compris en Bretagne. C'est notre patrimoine, pourquoi ne pas le soutenir ? Bien faits, les cidres peuvent vieillir et s'affiner. Utilisés en cuisine, ils donnent des résultats magnifiques. Leurs accords sont étonnants, atypiques, gourmands, diversifiés : essayez par exemple un cidre brut sur des huîtres !

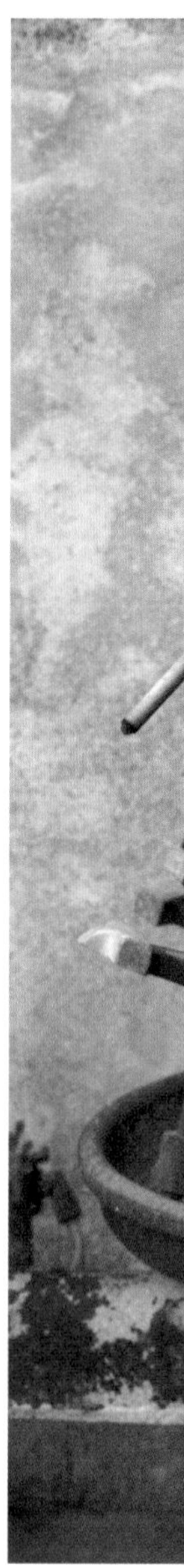

« Viens boire un coup d'cid' ! »

Il n'y a pas un cidre mais des cidres...

LE CIDRE SELON CARINE
SOMMELIÈRE EN CIDRES AU *COMPTOIR BREIZH CAFÉ* (SAINT-MALO)

On dit communément que les cidres bretons sont plus rudes et les cidres normands plus fruités. En réalité, cette réputation est due à l'histoire : en Bretagne, le cidre a longtemps été une boisson de base, fermentée de façon plus ou moins empirique avec des résultats difficiles à contrôler et des saveurs parfois raides. Maintenant, même le cidre dit « traditionnel » bénéficie d'une fabrication plus soignée. L'histoire du cidre se présente comme une longue période artisanale suivie de l'avènement, dans l'après-guerre, du cidre industriel ; les anciennes générations n'ont donc connu que ce dernier, en plus du cidre du grand-père. Cependant, depuis l'arrivée de produits de plus haute qualité, ces stéréotypes régionaux n'ont plus lieu d'être : en Bretagne comme en Normandie, on trouve des cidres fins et complexes aussi bien que puissants et rustiques. C'est le terroir, le climat, la saison qui s'expriment chaque fois, avec bien entendu le savoir-faire et l'art du producteur. Un élevage en fût de chêne, notamment, influe sur la typicité : le cidre acquiert structure et complexité aromatique, voire un peu d'oxydation ménagée. C'est le cas des cidres d'Éric Bordelet et d'Éric Baron (domaine de Kerveguen à Guimaëc, dans le Finistère). Pour ce dernier, je pense par exemple à la cuvée Carpe Diem, vanillée, sophistiquée, rappelant un champagne.

Il n'y a pas un cidre mais des cidres : ceux de l'est de la France ont tendance à être ronds et fins, avec un fruit très pur. En Alsace mais aussi au Japon, on réalise des cidres en méthode champenoise, à partir de pommes à couteau. Les cidres allemands sont subtils, façonnés, un peu plus sucrés que la moyenne, avec des notes d'agrumes. En Savoie et en Suisse, ils sont frais et minéraux, d'une minéralité toutefois plus douce qu'en Bourgogne, où leur structure vive rappelle celle des grands vins blancs de cette région. Le pays Basque (avec les Asturies, c'est l'origine historique du cidre) se distingue par des crus moins effervescents, plus salins et plus riches en alcool. Parfois, leur extrême sécheresse ne plaît pas à tous les palais.

Quel cidre choisir ? Pour ceux qui préfèrent un côté « paysan » et désirent sentir l'arôme de la ferme, un peu sauvage et rêche, les cidres extra-bruts sont indiqués. C'est la typicité traditionnelle : le cidre de Fouesnant, Le Cid' de la cuve (Normandie), les cidres basques. Si l'on recherche un fruité plus délicat et plus nuancé, je conseille les cidres bretons monovariétaux à base de pomme guillevic. Pour chaque recette de crêpe ou de galette que vous trouverez dans ce livre, vous trouverez un accord personnalisé, afin de vous guider dans la palette complexe des vins de pomme et de poire.

Le cochon

L'ANDOUILLE

On ne saurait évoquer les produits de Bretagne (et de Basse-Normandie) sans parler d'andouille. Surtout pas moi, élevé au cochon et aux patates ! Dans mon enfance, l'andouille était fabriquée à la ferme familiale ; aujourd'hui, je préfère celle de Jean Lepage, sur le marché de Saint-Malo. Comme tout ce qui est cochon, l'andouille est un produit incontournable de notre région. Elle est différente de l'andouille de Guéméné : les boyaux sont entonnés en morceaux (comme pour l'andouille de Vire), avec quelques lardons, et non en couches concentriques. Si le cochon a été bien nourri et bien soigné, elle ne répand pas d'odeur désagréable. Elle est fine et goûteuse, parfaite sur une galette croustillante.

LE BOUDIN FERMIER

J'ai la chance de disposer du meilleur boudin de la région, celui de M. Lepage, mais je sais aussi apprécier les autres variantes de cet art traditionnel de la charcuterie. Qu'il soit antillais, basque ou béarnais, le boudin doit être onctueux, ferme et bien relevé. Il peut être mangé froid, chauffé au four ou poêlé. J'aime particulièrement la terrine de boudin servie au Comptoir de l'Odéon, à Paris, chez Yves Camdeborde. Pour l'accompagnement, les complices idéales du boudin restent les pommes, surtout avec une galette. C'est pourquoi nous servons, en toute simplicité mais avec une grande attention au détail, une galette au boudin et aux pommes caramélisées.

LE LARD FERMIER

M. et Mme Lepage, qui tiennent leur étal au marché couvert de Saint-Malo, sont la référence charcutière de la région. Chez eux, tout est purement, fraîchement, savoureusement cochon. Comme ils ont leur propre ferme, ils contrôlent la production depuis l'animal sur pied jusqu'à la terrine, en passant par la fumaison au bois de hêtre. « Les bêtes sont bien nourries », dit Mme Lepage, et on la croit sur parole. C'est chez eux que j'ai mon ardoise de charcuterie pour Breizh Café. Et pendant que nous y sommes, je vais vous livrer un petit secret : la queue de cochon est un élément de toute première importance dans la confection des rillettes. Donc, si vous faites des rillettes, n'oubliez jamais la queue de cochon. Quand j'étais petit, à la ferme, lorsqu'on tuait le cochon, nous nous battions entre garnements pour manger la queue.

LE MAGRET DE CANARD FUMÉ DE CHERRUEIX

Bien que le magret de canard évoque plutôt le Sud-Ouest, la Bretagne en produit aussi d'excellente qualité, notamment à Cherrueix, village de bord de mer proche de Cancale. À Breizh Café, nous apprécions le travail d'un producteur-éleveur dont les canards s'ébattent en plein air. Des canards de pré-salé, en quelque sorte. Leur chair est ferme et savoureuse, et le magret est légèrement fumé, sans excès de sel : juste le bon équilibre pour orner une galette de sarrasin.

LA SARDINE

« Souvenez-vous toujours, disait le chef catalan Ferran Adrià, qu'une bonne sardine sera toujours meilleure qu'un mauvais homard. » Faut-il en dire plus ? La sardine n'est pas seulement le poisson breton par excellence ; elle est aussi, pour tous les cuisiniers, d'une saveur, d'une finesse, d'une texture exceptionnelles. On peut tout lui faire : la laisser crue, la mariner, la cuire, la confire à l'huile : dans ce dernier cas, elle devient un produit tout différent, incomparable avec du bon pain, du bon beurre, un petit verre de blanc ou du cidre. Écrasée, mélangée avec du beurre et roulée dans une galette, la sardine à l'huile touche au sublime. Grillée, c'est la grande spécialité bretonne, servie avec des pommes de terre bouillies. Autre déclinaison moins connue : la sardine fumée par les soins de la famille Lucas à Quiberon, un de mes produits favoris et un accord parfait avec la pomme de terre.

LE SAUMON FUMÉ BIOLOGIQUE D'IRLANDE

C'était encore naguère un produit de luxe. Depuis la grande démocratisation du saumon, dans les années 1980, la qualité du saumon fumé n'a pas toujours été à la hauteur, ce qui n'a pas empêché le produit de rester cher. Il est important, dans ces conditions, de rester vigilant : un artisan établi en Bretagne sélectionne pour nous un saumon bio des mers d'Irlande, le salé au sel sec et le fumé à l'ancienne, aux bois de chêne et de hêtre. Ainsi, nous obtenons toujours un produit incomparable.

LE CRABE (TOURTEAU ET ARAIGNÉE)

Autour de Cancale, on aime le tourteau, mais on lui préfère l'araignée, une habituée de nos côtes rocheuses. Et la meilleure, c'est l'araignée d'hiver, tandis que le printemps est la saison des moussettes (petites araignées qui viennent de muer), spécialité de la baie de Cancale et du Mont-Saint-Michel. L'araignée de mer est un produit d'une finesse exceptionnelle qui se marie très bien avec le sarrasin. Au Japon, pour accompagner le crabe, nous avons mis au point récemment une mayonnaise au tonyu (lait de soja) qui fait merveille avec ce type de crustacé.

LE HARENG FUMÉ

Bon marché, vite préparé, réconfortant, le hareng-patates aux oignons crus a toujours été chez nous un plat de base. Comme la morue, ce poisson des mers du Nord est indissociablement lié à l'histoire de nos pêcheurs, à l'aventure des terre-neuvas. À Breizh Café, on aime travailler un hareng fumé charnu, tendre et moelleux. On le lie à la crème pour éviter la sécheresse, et on l'accentue de quelques œufs de hareng traités façon caviar. Avec quelques pommes de terre, on a réuni les éléments d'une de nos galettes stars : la cancalaise.

LES HUÎTRES DE CANCALE

Autrefois récoltées sauvages, les huîtres sont l'histoire même de la ville de Cancale. Aujourd'hui, les ostréiculteurs cancalais prêtent main-forte à la nature. Breizh Café entretient une relation fidèle avec les Parcs Saint-Kerber, où François-Joseph Pichot et Stéphan Alleaume élèvent une huître grand cru, la tsarskaya, que j'aime servir dans mes restaurants, notamment au bar à huîtres du Comptoir Breizh Café à Saint-Malo. C'est une huître charnue, ferme, croquante, dotée d'une saveur délicatement iodée, presque sucrée, sans aucune amertume. Se prêtant aussi bien à la cuisson qu'à la consommation en cru, la tsarskaya est la compagne idéale des grands cidres et poirés artisanaux, mais elle s'accorde évidemment avec le classique coup de muscadet et même un trait de chouchenn.

Les produits de la mer

La crémerie

LE LAIT RIBOT

Ce produit typiquement breton (laezh-ribod) n'était à l'origine autre que le babeurre, sous-produit liquide de la fabrication du beurre. Aujourd'hui, c'est un lait fermenté maigre à texture légèrement caillée, que l'on peut boire nature ou utiliser en cuisine. On en fait des soupes froides, des sauces, des vinaigrettes pour salades de légumes, voire des smoothies. Pour un Breton, il figure au répertoire des souvenirs d'enfance. Un de ses plus beaux accords culinaires se fait tout simplement, avec une galette de sarrasin bien kraz (croustillante) : son goût frais et aigrelet se marie bien avec la richesse du beurre et le croquant de la pâte. Si vous ne trouvez pas de lait ribot, sachez qu'il est très proche des autres laits fermentés plus courants dans le commerce : lben oriental, buttermilk ou kéfir.

LE CURÉ NANTAIS ET AUTRES FROMAGES BRETONS

L'histoire du fromage en Bretagne est atypique : longtemps, ce pays roi du beurre n'eut pratiquement pas de tradition fromagère. Après la Seconde Guerre mondiale, dans le cadre de l'agriculture intensive, s'est développée dans la région une activité laitière industrielle à laquelle on doit, entre autres, les « emmentals français » et autres « gruyères râpés » génériques de nos grandes surfaces. Pour une grande part, le fromage breton, c'est cela. Mais il possède aussi un autre visage à travers quelques spécialités locales comme le Petit Billy et le Curé Nantais. Celui-ci fut créé en 1880 dans le village de Saint-Julien-de-Concelles, près de Pornic. Sur le conseil d'un curé naquit un fromage au lait cru, à la croûte lavée au muscadet. D'abord appelé Le Régal des Gourmets, il devint plus tard Curé Nantais. Il est aujourd'hui fabriqué par la laiterie Tribalat.

LE CHÈVRE FRAIS

Le fromage de chèvre frais réveille en moi un souvenir d'enfance, car nous avions quelques chèvres à la ferme familiale. C'est pourtant un produit qui s'est implanté assez tardivement dans la région. Plusieurs éleveurs bretons réalisent à présent des fromages de chèvre de qualité ; leurs produits sont disponibles au marché de Cancale, surtout au printemps. Un peu de chèvre frais, voire un tartare de chèvre sur une galette, c'est un accord formidable. Sans oublier d'y ajouter un peu de miel du pays.

LA CRÈME DE FERME

Jaune, riche, épaisse, onctueuse, finement acidulée, la crème de nos régions de l'Ouest est une vraie de vraie, elle ne fait pas semblant, elle n'a rien d'une allégée. Comme le beurre dont elle est la base, elle exprime les senteurs des prés et la générosité de la nature. C'est une crème de fabrication traditionnelle qui ne reçoit aucun traitement ni aucun additif : blanche et liquide à ses débuts, elle fermente naturellement et prend en quelques jours des tons dorés et une texture plus épaisse. Sa saveur est si marquée qu'elle en fait un condiment à part entière, accompagnant les poissons frais ou fumés, les légumes, les desserts. Elle équilibre les saveurs, soit en les adoucissant, soit en les soutenant.

LES LÉGUMES FRAIS ET LES ASPERGES DE CHERRUEIX

Sur les terres de Cherrueix, qui font face à Cancale de l'autre côté de la baie, le climat est plus ensoleillé qu'au centre de la Bretagne et les terres sont saines, souvent cultivées en bio. Le sol sableux et les forts vents marins profitent aux pommes de terre, aux carottes, aux oignons, aux échalotes, aux poireaux, que produisent de nombreux petits maraîchers chez qui l'on peut acheter directement les légumes. L'ail et les asperges de Cherrueix sont justement réputés.

LA POMME DE TERRE DE SAINT-MALO

Dans la ferme de mes parents, le plat hebdomadaire, c'était le rôti de cochon entouré de patates. Et dans notre région, on adore les pommes de terre cuites avec beaucoup de beurre dans une marmite en fonte. C'est aussi le légume qui s'associe le mieux avec le sarrasin. Mais pourquoi Saint-Malo ? À cause du terrain sableux. Une pomme de terre de sable, née sous un climat marin, en bord de mer : ces conditions produisent les meilleurs légumes de terre. Et bien entendu, des pommes de terre nouvelles exceptionnelles.

L'OIGNON ROSÉ DE ROSCOFF

Rond et ferme, revêtu d'une fine peau cuivrée, cet oignon à la chair rosée est la seule AOC de Bretagne. Acclimaté dans le nord-est du Léon au XVIIe *siècle à partir de graines venues du Portugal, c'est un oignon polyvalent, utilisable cuit ou cru. Il se conserve longtemps, fond bien, caramélise parfaitement, et l'on en fait des fondues savoureuses sur une galette de sarrasin croustillante. Depuis 1829, des Roscovites entreprenants traversent la Manche pour le vendre en Angleterre : affectueusement surnommés Johnnies par la population locale, ils font désormais en camionnette les trajets qu'ils faisaient autrefois à bicyclette, du pays de Galles aux îles Shetland, chargés de longues tresses d'oignons dorés.*

LA POMME

En parlant de caramel, j'ai déjà évoqué les pommes reinettes que ma mère faisait cuire au four à bois. Elle les arrosait de cidre et de sucre, et cela produisait une délicieuse gelée de cidre caramélisé. Nous conservions les pommes sous le foin, dans les greniers, et même flétrie, la reinette restait la meilleure. Nous ne mangions que ça. À l'exception de ce dessert, nous ne faisions pas beaucoup de tartes. Je réalisais plutôt une sorte de clafoutis aux pommes : c'était simple et rapide. Et quand ma mère préparait, à la ferme, le quatre-quarts au beurre, il n'était pas rare qu'elle y ajoute quelques pommes. Toujours de la reinette.

LE YUZU

Ce petit cédrat d'origine chinoise, très apprécié au Japon, a été découvert voici quelques années par les chefs français. Il est donc très à la mode. Mais à mon avis, trop d'enthousiasme ne rend pas justice à cet agrume : le yuzu possède un arôme extraordinaire, rare et délicat, et il est dommage de le galvauder et de le mettre à toutes les sauces. Il mérite des égards. Au Japon, on s'en sert avec ménagement et discernement. On le fait sécher pour l'ajouter en poudre à du sel de table, ou on le mélange à du piment (yuzu gosho). Il aromatise des sauces, des confiseries, des boissons, des liqueurs, ainsi que des savons et des cosmétiques, mais on veille toujours à ne pas le dénaturer et à préserver sa finesse.

Le marché

L'épicerie

LE CHOUCHENN

Aux diverses enseignes de Breizh Café, nous proposons une sélection du fameux hydromel breton. Bien que le vin de miel soit surtout populaire en Finistère, on en fait aussi chez nous, au nord-est de la Bretagne, où plusieurs apiculteurs se consacrent à ce produit et où la Cave du Dragon Rouge, près de Lannion, vinifie en sec et en doux des miels achetés dans les environs. Son chouchenn sec vieux, élevé en barriques, offre une sensation vineuse remarquable et une longueur en bouche qui rappelle un vieux sauternes. Plus classique, le chouchenn artisanal de Jouny existe en sec et en demi-sec. C'est un hydromel, aux arômes miellés, d'une grande finesse en bouche.

LE RHUM ET LES ÉPICES

La Bretagne a une longue expérience des épices et des alcools exotiques, véritable tradition locale entretenue pendant des siècles par les navires au long cours et marchandise de troc pour les commerçants malouins. Les souvenirs de cette époque restent nombreux, reflétés par la cuisine, la pâtisserie et les boissons locales, sans oublier la course maritime de la Route du Rhum, au départ de Saint-Malo. Dans certains ports bretons, si vous cherchez un peu, vous dénicherez peut-être l'épicerie mystérieuse, rescapée de l'ère des navigateurs, où s'entassent rhums, sucres, cannelle, girofle, poivre, gingembre, quatre-épices, ingrédients rares et aromates variés. C'est le cas du comptoir Kerjean, à Brest, et de l'épicerie d'Olivier Roellinger à Cancale, de création plus récente, hommage contemporain aux marins d'antan.

LES CONFITURES DE RAPHAËL

Ces confitures riches en goût, pures et concentrées que nous servons aux restaurants et vendons à la boutique Breizh Café ont une histoire : celle de deux frères, Raphaël et Cédric, associés dans une passion commune, la fabrication de confitures exceptionnelles. Ils mettent en place un petit artisanat familial de haute qualité — confitures cuites rapidement, brièvement et à haute température dans des chaudrons de cuivre, à partir de fruits triés sur le volet. C'est une recherche permanente sur le goût : Raphaël et Cédric expérimentent, tâtonnent, leurs méthodes évoluent sans cesse : la confiture de citron est si intense qu'elle trouve facilement sa place en cuisine salée. Tout cela est, en définitive, beaucoup plus que de la confiture. Mais ça produit toujours son effet sur une bonne crêpe.

LES MIELS

La crêpe (ou la galette) et le miel, c'est une histoire d'amour. À Breizh Café, nous utilisons plusieurs miels. Celui de la pointe du Grouin (toutes fleurs) reflète la grande diversité florale de ce site unique. Nous aimons aussi le miel de pommier et surtout le miel de sarrasin, dont le goût corsé est à essayer d'urgence sur une galette beurrée. Doué de propriétés tonifiantes, reconstituantes et reminéralisantes, le miel de sarrasin était autrefois l'ingrédient principal du pain d'épices. C'est, inutile de le préciser, le miel est emblématique de la Bretagne.

LE SARRASIN

Le hasard heureux qui m'a amené au Japon était-il vraiment un hasard? Il a fallu un tour de main du destin pour que je me retrouve si loin dans un pays doté, au même titre que ma région natale, d'une vraie culture du sarrasin. Les Japonais mangent cette graine sous forme de soba (nouilles) et la boivent en sobacha, une infusion de sarrasin grillé, que je sers aussi au Comptoir Breizh Café. Cependant, les mêmes produits donnent des résultats différents d'une région du monde à l'autre : le sarrasin breton ne se prête pas à la fabrication des soba ni le sarrasin japonais à la confection de galettes. Pour obtenir la texture, la saveur, l'équilibre en bouche désirés, j'utilise le sarrasin de la variété harpe, écrasé par les meules de pierre du Moulin de la Fatigue, à Vitré — un lieu magnifique dont le mécanisme entier date de 1870 et tourne encore à plein régime. J'ai été l'un des premiers à utiliser ce sarrasin bio IGP, production très réduite, mais je persiste : la mise en avant des récoltes artisanales auprès du public fait beaucoup pour contribuer à l'amélioration générale de la qualité alimentaire.

Le sarrasin, appelé « blé noir » en Bretagne de l'Ouest, est une plante (et non une céréale) de la famille des polygonacées. Il croît dans notre région depuis le Moyen Âge. Mes grands-parents, mon père en produisaient. Il a connu des moments difficiles dans les années 1970, quand le remembrement a fait disparaître les petits champs enclos de haies propices à sa culture. Depuis une dizaine d'années, le sarrasin connaît un renouveau en Bretagne, en raison de la forte demande. Résultat : aujourd'hui, on manque de sarrasin, et l'on devrait être incité à en produire plus pour aider la filière et soutenir les métiers de bouche. Tout le monde en profiterait, et l'on vivrait dans un monde un peu plus propre, car le sarrasin est bénéfique à l'environnement : il pousse uniquement dans des terres très pauvres, sans engrais ni ajout de pesticides. Il est précieux au plan nutritionnel, riche en vitamines du groupe B, en protéines, en calcium, en cuivre, en magnésium et en manganèse. Il est aussi mellifère, produisant un miel doté de multiples vertus. Ne contenant pas de gluten, il est intéressant pour les consommateurs allergiques à cette substance. Pour toutes ces raisons, sans oublier sa saveur excellente, il est probable que le sarrasin se taille à l'avenir une part croissante dans la consommation courante.

LE FROMENT

Le froment a fait l'objet d'une recherche tout aussi minutieuse. Je me suis toujours efforcé d'utiliser des blés de variétés anciennes pour nos crêpes de froment, afin de faire la différence au plan tant gustatif que nutritionnel. Nous utilisons donc un froment bio d'origine bretonne, et nous le travaillons avec délicatesse, car c'est une graine plus fragile que le blé conventionnel : elle est moulue à la pierre, et la pâte est malaxée à la main, sans robot.

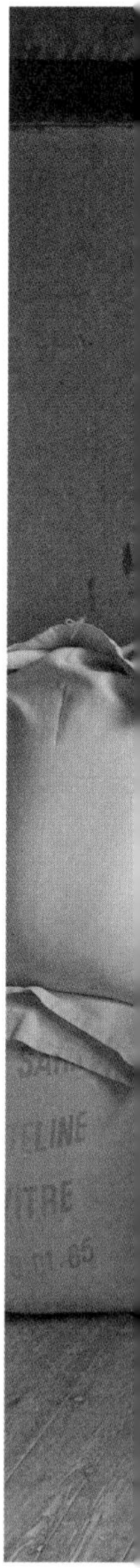

Il a un goût extraordinaire : noisetté, acidulé, terrien, végétal, avec une très légère amertume... Il croustille magnifiquement, et quand il devient doré, son goût est décuplé. Il vit une histoire d'amour avec le beurre, la pomme de terre, le lait ribot, le cochon, les produits de la mer. C'est le sarrasin, la petite graine autour de laquelle s'est construit Breizh Café.

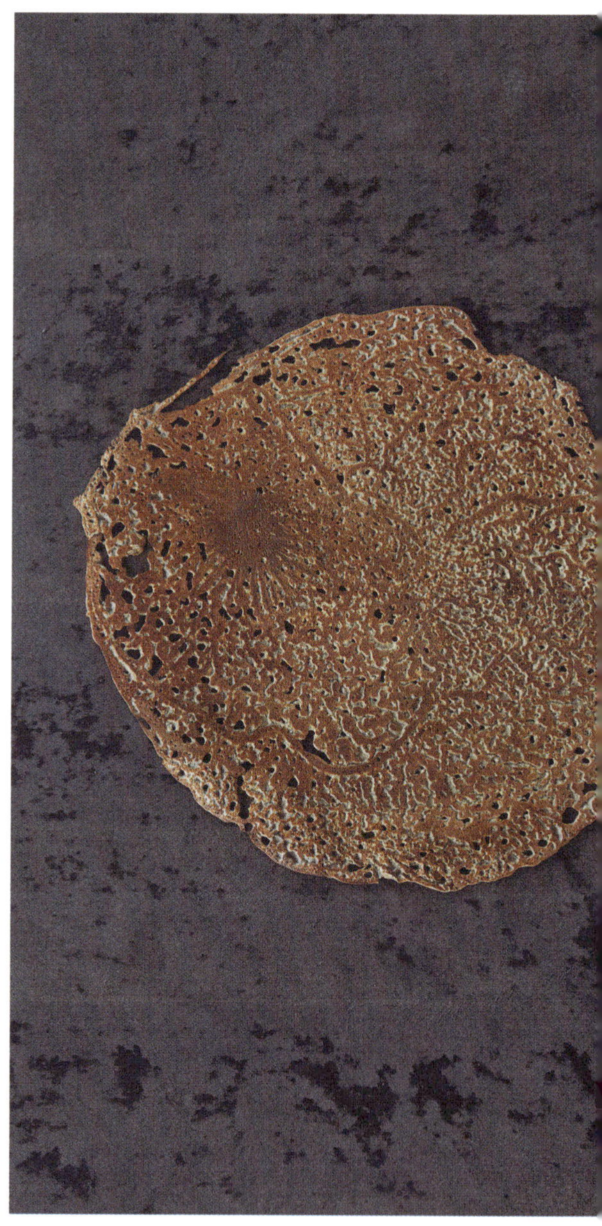

POUR UNE BONNE GALETTE

D'abord, un peu de culinologie comparée : en Haute-Bretagne, en pays gallo, on l'appelle « galette de sarrasin » et on l'aime moelleuse, un peu épaisse : elle sera composée à cent pour cent de sarrasin. En Basse-Bretagne, on l'appelle **« crêpe de blé noir »** *et on la préfère plus* **fine et croustillante**, *on ajoute donc à la pâte* **un peu de farine de froment et un œuf**.

Moi, je l'aime croustillante et moelleuse, et après nombre de tâtonnements j'ai réussi à obtenir le goût et la texture désirés. C'est cette galette que l'on déguste à Breizh Café.

La galette bretonne, c'est donc **une bonne farine de sarrasin**, **une pâte bien réalisée, c'est un bilic** *— la plaque ronde chauffante servant à cuire la pâte étalée à l'aide d'un râteau — et c'est aussi* **un tour de main**. *Ce détail intimide un peu le public, qui hésite à se risquer dans la préparation de galettes et de crêpes bretonnes en l'absence de l'équipement et du savoir-faire appropriés.*

Il est toujours possible d'utiliser une poêle : évidemment, le résultat ne sera pas le même. La poêle donne, comparée au bilic, des crêpes moins fines et de surface plus irrégulière. Le goût, au moins, sera au rendez-vous. Vous pouvez aussi acheter des galettes et des crêpes toutes préparées au rayon frais d'une grande surface. Cela n'aura ni le goût ni la fraîcheur du fait maison, mais bien beurré et croustillant après un passage au four, pourquoi pas ? N'hésitez pas à y penser pour les amuse-galettes ou les Breizh rolls.

Quoi qu'il en soit, la galette réalisée dans les règles de l'art n'est pas hors de votre portée, moyennant un petit investissement et un peu de place dans votre cuisine. La société Krampouz (www.krampouz.com), spécialisée depuis longtemps dans la fabrication de bilics professionnels, fabrique des bilics grand public. Vous pouvez les brancher chez vous sans craindre de faire sauter les plombs (les bilics professionnels sont très puissants) et les régler à la chaleur voulue, car ils comportent un thermostat. C'est l'étalement de la pâte qui vous angoisse ? Certains modèles sont équipés d'un petit réservoir en acier inoxydable pour verser la quantité nécessaire de pâte. Ensuite, faites-le tourner sur votre bilic chauffé et graissé, miracle : votre crêpe ou galette s'étale toute seule ! Vous n'avez plus aucune raison de ne pas faire de galettes bretonnes chez vous.

Cependant, pour bien réussir la galette avec un appareil de ce type, il faut remplacer une petite partie de la farine de sarrasin par de la farine de froment, car **le sarrasin pur a besoin d'être saisi à très haute température** *(nos bilics chauffent à 280 °C) et aucune crêpière domestique n'atteint ce degré de chaleur.*

PÂTE À GALETTES

POUR ENVIRON 24 GALETTES

1 kg de farine de sarrasin biologique moulue à la pierre. Si vous utilisez un bilic électrique, remplacez de dix à vingt pour cent (au maximum) du sarrasin par de la farine de froment.
1,5 l d'eau filtrée
30 g de gros sel de Guérande

Option
Pour enrichir la pâte selon vos souhaits : 1 œuf, un peu d'eau gazeuse (Perrier®), de bière ou de cidre, ou toute boisson fermentée qui permet d'aérer la pâte. Ajoutez-en une petite quantité en remplacement de l'eau.

1 Mélangez la farine de sarrasin, 1 litre d'eau et le sel, afin d'obtenir un pâton souple que vous travaillez à la main en l'aérant bien. Des bulles doivent apparaître en surface.

2 Quand la pâte est bien homogène, ajoutez l'option choisie (œuf, eau gazeuse, etc.), mélangez à nouveau et laissez reposer idéalement douze heures au frais, et au moins trois heures.

3 Le lendemain, ajoutez le demi-litre d'eau restant et, si possible, sortez la pâte du réfrigérateur au moins 1 heure avant la cuisson des galettes. Elle doit être à température ambiante.

Cuisson des galettes

La tuile (surface) d'un bilic est en fonte trempée assez épaisse. **Pour la graisser, nous employons du saindoux.** Voici d'ailleurs une petite astuce pour faciliter la cuisson et éviter que la pâte ne colle au bilic : mélangez un peu de saindoux à du jaune d'œuf, étalez-la sur le bilic, cela rendra la surface antiadhérente. Autre technique pour culotter un bilic neuf : mélangez 12 jaunes d'œufs et brûlez-les sur la tuile du bilic (n'oubliez pas d'ouvrir la fenêtre).

Chauffez fortement le bilic. Lorsqu'il est chaud, graissez-le entièrement au saindoux puis étalez la pâte. Un bilic professionnel exige 150 g de pâte pour une galette, pour le bilic maison la proportion sera de 120 g. **Étalez à la raclette, puis beurrez la galette. Attendez 1 minute, ajoutez les autres ingrédients, puis attendez encore 1 minute et repliez la galette en triangle ou en rectangle (selon la recette)**. Le temps de cuisson d'une galette avec sa garniture est de **3 minutes**.

Si vous utilisez **une petite tuile en fonte à poser sur le gaz, la procédure est la même** : graissez la tuile au saindoux quand la tuile est bien chaude. Adaptez la quantité de pâte au diamètre de la tuile : environ 80 g.

À la poêle ou à la crêpière, il faut encore moins de pâte : de 50 à 70 g. Dans ce cas, **ne pliez pas la galette et ajoutez la garniture**, puis **couvrez le tout quelques instants** pour diffuser la chaleur et accélérer la cuisson.

CUISSON : 1 minute

POUR ENVIRON 36 CRÊPES

12 œufs bios
300 g de sucre de canne
1 kg de farine de froment bio de Bretagne moulu à la pierre
2 litres de lait

Options
1 gousse de vanille,
1 cuillerée à soupe de Grand Marnier® ou de rhum, zestes d'agrumes râpés, beurre noisette... Le choix est personnel !

PÂTE À CRÊPES

1 Travaillez à la main les œufs et le sucre avec un petit peu de lait, mélangez énergiquement au fouet. Ajoutez la farine, mélangez tout doucement (mêle s'il y a des grumeaux), ajoutez le reste de lait, passez au chinois (c'est là que le sort des grumeaux est réglé), ajoutez les options s'il y a lieu.

2 Contrairement à la pâte à galettes, la pâte de froment peut être travaillée immédiatement. La présence d'œufs la rend plus facile à étaler que la pâte à galettes.

Cuisson des crêpes

La température du bilic est élevée (250 °C), comme pour les galettes, mais la cuisson peut aussi se faire à la poêle. La crêpe de froment est plus fine que la galette : la quantité de pâte sera de 100 g sur bilic professionnel, de 60 à 80 g pour le bilic maison, et d'environ 50 g à la poêle. La cuisson, identique à celle de la galette, est très rapide : 2 minutes pour une crêpe. Étalez à la raclette et beurrez généreusement au beurre demi-sel.

ENTRÉES

Galettes roulées apéro, amuse-galette et Breizh rolls, présentés à l'apéritif ou en amuse-bouche sur assiette, planche ou ardoise, invitent au partage. C'est l'inspiration tapas et grignotages, un mode de consommation très apprécié au Japon.

SAINT-MALO

Préparation : 15 minutes
Repos : 30 minutes
Cuisson : environ 30 minutes

◇◇◇◇◇◇◇◇◇◇◇◇◇◇◇◇◇◇

POUR 4 PERSONNES

1 blanc de poireau de 60 g
10 g de beurre
10 g de poitrine fumée
30 g de graines de sarrasin
20 cl de bouillon de volaille
18 cl de lait
30 cl de crème liquide
3 g de graines de sarrasin soufflées (voir l'introduction de la recette)
Persil haché
Sel, poivre blanc du moulin

SOUPE DE SARRASIN

Pour obtenir du sarrasin soufflé, faites tremper des graines de sarrasin dans de l'eau pendant une nuit. Le lendemain, égouttez-les, étalez-les sur une plaque à pâtisserie, et faites-les sécher pendant 3 heures au four à 100 °C (th. 3-4). Conservez dans une boîte à fermeture hermétique.

1. Émincez finement le blanc de poireau et faites-le tremper 30 minutes dans de l'eau froide. Égouttez-le bien, puis faites-le suer 3 minutes avec le beurre et la poitrine fumée dans une casserole sur feu moyen.
2. Ajoutez le bouillon, portez à ébullition et laissez réduire sur feu doux.
3. Faites griller les graines de sarrasin dans une poêle sans matière grasse jusqu'à ce qu'elles changent légèrement de couleur et expriment leur parfum. Versez-les dans la casserole et laissez cuire 15 minutes sur feu doux.
4. Mixez le tout au robot ou au mixeur plongeant jusqu'à l'obtention d'une consistance lisse.
5. Ajoutez à cette base de soupe le lait et la crème, puis rectifiez la quantité de sel et poivrez généreusement.
6. Versez la soupe dans 4 bols, parsemez des graines de sarrasin soufflées et du persil haché.

ACCORD PARFAIT

Cidre basque Txalaparta 2010 de Jean-Yves Perron.

Une douce minéralité mêlée à des notes plus oxydatives de fruits secs apporte fraîcheur et originalité à cet extra-brut.

Préparation : 15 minutes
Cuisson : 20 minutes

POUR 4 PERSONNES

La galette croustillante
150 g de pâte à galettes
20 g de beurre demi-sel Bordier®

La crème de tofu au sésame
100 g de tofu
25 g de crème fraîche épaisse
40 g de purée de sésame blanc
7 g de sucre
5 g de sel

BREIZH CROUSTILLANT

GALETTE SÈCHE (*KRAZ*), CRÈME DE TOFU AU SÉSAME BLANC

Une préparation très simple qui peut être servie en amuse-bouche, à l'apéritif ou au début d'un repas léger. Vous pouvez lui ajouter, selon la saison, quelques légumes bios crus tels que tomate, concombre, carotte ou céleri. Cette recette m'a été inspirée par le shôjin ryori, la cuisine végétarienne des moines bouddhistes, qui use largement du tofu et du sésame et pour laquelle la qualité de la matière première revêt une importance capitale.

1 Préchauffez le four à 180 °C (th. 6).

2 Confectionnez une galette en portant le bilic à 250 °C. Versez et tournez la pâte, beurrez la galette et faites-la cuire des deux côtés. Faites-la ensuite sécher 15 minutes au four ou jusqu'à ce qu'elle soit bien croustillante. Découpez-la ensuite en 12 morceaux.

3 Égouttez soigneusement le tofu dans une passoire pour le débarrasser de la majeure partie de son humidité. Recueillez-le dans un cul-de-poule, ajoutez la crème, la purée de sésame, le sucre et le sel. Mélangez au fouet.

4 Présentez les croustillants de galette sur un plat, autour d'un bol de crème de tofu au sésame.

ACCORD PARFAIT

Éric Bordelet.

Cidre brut tendre, frais et fruité.

Préparation : 15 minutes
Repos : 1 heure
Cuisson : 3 minutes

POUR 2 PERSONNES

120 g de pâte à galettes de sarrasin
40 g de beurre de saumon
Un peu de ciboulette ciselée

Pour le beurre de saumon (pour 180 g)
75 g de beurre demi-sel Bordier® à température ambiante
100 g de saumon fumé
1 cuillerée à café d'échalotes finement ciselées
1 filet de jus de citron
1/2 botte de ciboulette ciselée

GALETTE ROULÉE APÉRO

SAUMON FUMÉ, CITRON, CIBOULETTE

1 Préparez le beurre de saumon : malaxez légèrement le beurre pour l'homogénéiser. Hachez le saumon au mixeur, ajoutez le beurre et mélangez bien. Ajoutez l'échalote, le jus de citron, la ciboulette, et mélangez légèrement. Goûtez et rectifiez l'assaisonnement.

2 Versez et tournez la pâte sur le bilic chauffé. Faites cuire la galette sans garniture, puis laissez-la refroidir sur une grille en la recouvrant d'une serviette propre légèrement humidifiée.

3 Quand la galette est froide, étalez une fine couche de beurre de saumon à l'aide d'une spatule sur toute sa surface.

4 Roulez la galette sans laisser d'air à l'intérieur, puis serrez-la dans du film étirable. Laissez-la refroidir au moins 1 heure au réfrigérateur.

5 Découpez la galette en bouchées, décorez de ciboulette sur la face coupée. Servez sur une assiette.

ACCORD PARFAIT

Cidre de Bretagne, Florence Loisel.

Un brut aérien, aux notes florales et aux bulles légères.

GALETTE ROULÉE APÉRO

BEURRE DE SARDINE, CITRON

Préparation : 15 minutes
Repos : 1 heure
Cuisson : 3 minutes

◇◇◇◇◇◇◇◇◇◇◇◇◇◇◇◇◇◇

POUR 2 PERSONNES

120 g de pâte à galettes de sarrasin
40 g de beurre de sardine
Un peu de zeste de citron râpé

Le beurre de sardine (pour 120 g)
40 g de sardines au beurre de baratte
75 g de beurre à température ambiante
6 g d'échalote ciselée
1 filet de jus de citron
Poivre blanc du moulin

Les sardines au beurre de baratte sont produites et commercialisées par la marque La Belle-Îloise. Vous pouvez utiliser toute autre marque de conserve de sardines de qualité.

1 Préparez le beurre de sardine : malaxez légèrement le beurre pour l'homogénéiser. Mixez les sardines en purée, ajoutez le beurre et mélangez bien. Ajoutez l'échalote, le jus de citron, poivrez et mélangez légèrement. Goûtez et rectifiez l'assaisonnement.

2 Versez et tournez la pâte sur le bilic chauffé. Faites cuire la galette sans garniture, puis laissez-la refroidir sur une grille.

3 Quand la galette est froide, étalez une fine couche de beurre de sardine à l'aide d'une spatule sur toute sa surface.

4 Roulez la galette sans laisser d'air à l'intérieur, puis serrez-la dans du film étirable. Laissez-la refroidir au moins 1 heure au réfrigérateur.

5 Découpez la galette en bouchées, décorez chaque face coupée d'une pincée de zeste de citron. Servez sur une assiette.

ACCORD PARFAIT

Cidre Trabanco des Asturies.

Un extra-brut frais et salin, aux bulles discrètes.

Préparation : 15 minutes
Cuisson : 3 minutes

POUR 2 PERSONNES

120 g de pâte à galettes de sarrasin
25 g de Petit Savoyard ou Comté
25 g d'andouille taillée en fins bâtonnets
15 g de beurre de moutarde

Le beurre de moutarde (pour 150 g)
100 g de beurre demi-sel Bordier® à température ambiante
50 g de moutarde à l'ancienne
Un peu d'échalote finement ciselée (facultatif)

GALETTE ROULÉE APÉRO

ANDOUILLE, BEURRE DE MOUTARDE

Vous pouvez utiliser l'andouille de votre choix : de type Vire ou de type Guéméné. La moutarde relève bien sa saveur caractéristique.

1 Préparez le beurre de moutarde : malaxez légèrement le beurre à l'aide d'une spatule pour l'homogénéiser. Ajoutez la moutarde et malaxez à nouveau. (Vous pouvez ajouter un peu d'échalote ciselée pour plus d'arôme.)

2 Versez et tournez la pâte sur le bilic chauffé. Quand la surface de la galette devient sèche, parsemez-la de fromage.

3 Ajoutez l'andouille et roulez l'ensemble. Beurrez la galette et déposez-la sur une planche.

4 Découpez la galette en bouchées et présentez celles-ci sur une assiette, accompagnées du beurre de moutarde.

ACCORD PARFAIT

Cidre brut de Bretagne traditionnel de François Séhédic.

Rustique, légèrement amer, final tannique.

GALETTE BROCHETTE APÉRO

SAUCISSE, HUÎTRES DE CANCALE

Préparation : 20 minutes
Cuisson : 5 à 6 minutes

POUR 3 PERSONNES

120 g de pâte à galettes de sarrasin
80 g de saucisse grillée
25 g de Petit Savoyard ou Comté
3 huîtres de Cancale
Farine

La pâte à tempura
70 g de farine de froment type 45
30 g de farine de sarrasin
1 jaune d'œuf
20 cl d'eau glacée

ACCORD PARFAIT

Cidre basque Basajaun du domaine Bordatto.

Un brut iodé et vif, aux bulles discrètes. Notes de pommes blettes.

Le mariage du Japon et de la Bretagne est ici particulièrement évident : la saucisse traditionnelle et les huîtres de Cancale rencontrent la technique de friture appelée tempura.

1 Préparez la pâte à tempura : tamisez la farine de froment et la farine de sarrasin ensemble. Déposez le jaune d'œuf dans un grand bol et fouettez-le avec des baguettes en ajoutant doucement l'eau glacée. (La température de l'eau limite le développement du gluten.) Ajoutez les farines tamisées et mélangez légèrement, sans excès. Faites chauffer l'huile de friture à 170 °C en vue de la cuisson du tempura.

2 Versez et tournez la pâte sur le bilic chauffé. Quand la surface de la galette devient sèche, parsemez-la de fromage.

3 Ajoutez la saucisse grillée et roulez la galette. Découpez-la en bouchées et piquez chacune d'un cure-dents.

4 Ouvrez les huîtres et égouttez-les soigneusement. Farinez-les.

5 Enrobez soigneusement les huîtres de pâte à tempura et faites-les frire dans l'huile. Si la température est bonne, les huîtres doivent tomber au fond avant de faire surface immédiatement.

6 Quand la pâte est croustillante, retirez les huîtres et égouttez-les sur du papier absorbant. Présentez-les sur une assiette avec les bouchées de galette.

Préparation : 5 minutes
Cuisson : 3 minutes

◇◇◇◇◇◇◇◇◇◇◇◇◇◇◇◇◇◇

POUR 1 GALETTE

120 g de pâte à galettes de sarrasin
25 g de fromage râpé
20 g de chorizo finement tranché
2 g de beurre demi-sel Bordier®

AMUSE GALETTE

CHORIZO, BEURRE BORDIER®

1. Versez et tournez la pâte sur le bilic chauffé. Faites cuire la galette sans garniture.
2. Parsemez de fromage râpé, puis disposez le chorizo sur la galette.
3. Enroulez la galette, beurrez-la et déposez-la sur une planche.
4. Découpez la galette en bouchées et servez-la sur une assiette.

ACCORD PARFAIT

Cidre basque demi-sec Basendere du domaine Bordatto.

Une amertume saline accompagnée d'une pointe de sucre vient calmer le feu du chorizo sans l'alourdir.

Préparation : 30 minutes
Cuisson : 3 minutes

◇◇◇◇◇◇◇◇◇◇◇◇◇◇◇◇◇

POUR 2 PERSONNES

130 g de pâte à galettes de sarrasin
30 g de chair de crabe (voir l'introduction de la recette)
10 g de beurre demi-sel Bordier®

AMUSE GALETTE

CRABE ET BEURRE BORDIER®

Pour cet amuse-galette, il vous faut décortiquer un crabe cuit (tourteau ou araignée) et mélanger la chair blanche avec la chair brune de l'intérieur de la carapace ainsi que le corail ; vous n'aurez besoin que de 30 g de ce mélange pour une galette. Le choix du crabe vous revient ; à mon avis, l'araignée est encore meilleure. Vous trouverez certainement un moyen d'utiliser la chair de crabe en surplus.

1 Émiettez la chair de crabe, y compris celle des pinces, et mélangez-la avec le corail du crabe.

2 Versez et tournez la pâte sur le bilic chauffé. Faites cuire la galette sans garniture.

3 Ajoutez le beurre demi-sel. Quand il est fondu, ajoutez la chair de crabe et pliez la galette immédiatement.

4 Dressez la galette sur une planche et découpez-la en bouchées. Servez sur une assiette.

ACCORD PARFAIT

Cidre des Ardennes L'Intense du domaine Capitaine.

Un brut souple offrant une belle intensité aromatique sur le fruit frais.

Préparation : 5 minutes
Cuisson : 3 minutes

POUR 2 PERSONNES

120 g de pâte à galettes de sarrasin
50 g de bleu d'Auvergne taillé en bâtonnets
10 g de miel de la pointe du Grouin
8 g de cerneaux de noix finement concassés

AMUSE GALETTE

BLEU D'AUVERGNE, MIEL DE LA POINTE DU GROUIN ET NOIX

Le miel de la pointe du Grouin, dont la saveur complexe est issue des nombreuses espèces florales qui croissent sur le site, accompagne avec grâce cette pâte persillée.

1 Versez et tournez la pâte sur le bilig chauffé. Faites cuire la galette sans garniture.

2 Sur la galette, étalez les bâtonnets de bleu d'Auvergne et versez le miel.

3 Ajoutez les noix et roulez la galette.

4 Beurrez la galette et déposez-la sur une planche. Découpez-la en bouchées et présentez-la sur une assiette.

ACCORD PARFAIT

Cidre de Bretagne Le P'tit Fausset.

Moelleux, généreux en sucre, notes de fruits presque confits.

Préparation : 5 minutes
Cuisson : 6 minutes

◇◇◇◇◇◇◇◇◇◇◇◇◇◇◇◇◇◇

POUR 2 PERSONNES

120 g de pâte à galettes de sarrasin
40 g de pointes d'asperges vertes
20 g de gruyère de Savoie râpé
45 g de jambon cru Basque en tranches fines

AMUSE GALETTE

ASPERGES VERTES, JAMBON BASQUE

Deux produits simples qui vont très bien ensemble, pour une galette d'une grande finesse.

1 Faites griller les pointes d'asperge sur le bilic jusqu'à ce qu'elles s'attendrissent (environ 3 minutes). Réservez.

2 Versez et tournez la pâte sur le bilic chauffé. Quand la surface de la galette devient sèche, parsemez-la de gruyère. Ajoutez les asperges grillées.

3 Couvrez l'ensemble de jambon cru et pliez la galette immédiatement.

4 Déposez-la sur une planche et découpez-la en bouchées. Servez sur une assiette.

ACCORD PARFAIT

Cidre de Bourgogne demi-sec de Jean-Marie Gois.

Sa minéralité très vive atténue l'impression sucrée tout en maintenant le fruit présent en bouche.

Préparation : 15 minutes
Cuisson : 23 minutes

◇◇◇◇◇◇◇◇◇◇◇◇◇◇◇◇◇

POUR 2 PERSONNES

120 g de pâte à galettes de sarrasin
50 g de crème de chou-fleur
20 g de caviar fermier de Dordogne (Kaviari)
1 filet de jus de citron
15 g de beurre demi-sel fondu

La crème de chou-fleur
1 chou-fleur
100 g de crème fraîche
20 g de beurre demi-sel
30 g de poitrine fumée
1 feuille de laurier
Sel, poivre blanc du moulin

AMUSE GALETTE

CRÈME DE CHOU-FLEUR ET CAVIAR

Le chou-fleur, légume emblématique de la Bretagne, s'allie au caviar en toute simplicité. La texture veloutée de ces ingrédients contraste délicieusement avec le croquant de la galette de sarrasin, confectionnée plus fine que d'ordinaire.

1 Préparez la crème de chou-fleur : coupez le chou-fleur en bouquets et faites-le tremper 30 minutes dans de l'eau froide. Égouttez-le. Faites-le cuire à l'étouffée avec le beurre, la poitrine fumée et le laurier. Lorsqu'il est tendre (au bout de 20 minutes environ), retirez la poitrine fumée et le laurier, et ajoutez la crème. Portez à ébullition puis mixez en une purée fine. Il vous faut 50 g de cette purée pour une galette ; vous utiliserez le reste pour une autre recette.

2 Versez la pâte sur le bilic chauffé et étalez-la en ovale. Juste avant que la galette soit cuite, étalez-y la crème de chou-fleur et ajoutez le caviar, puis pliez la galette en rectangle.

3 Beurrez-la avec le beurre demi-sel fondu, déposez-la sur une planche, coupez-la en bouchées et présentez-la sur une assiette.

ACCORD PARFAIT

Cidre des Cimes 2010, un cidre de Savoie de Jean-Yves Perron.

Une douce minéralité mêlée à des notes plus oxydatives de fruits secs apporte à cet extra-brut fraîcheur et originalité.

Préparation : 15 minutes
Cuisson : 18 à 20 minutes

POUR 1 GALETTE

120 g de pâte à galettes de sarrasin
1 fond d'artichaut
25 g de Petit Savoyard ou Comté
1 œuf
Un peu de poudre d'algue wakame
Beurre demi-sel, sel, poivre blanc du moulin

BREIZH ROLL

ARTICHAUT, ALGUE WAKAME

Un autre légume typiquement breton (l'artichaut) forme une alliance avec les saveurs délicatement iodées de l'algue wakame. Simple et bon.

1 Poêlez le fond d'artichaut entier au beurre jusqu'à ce qu'il soit tendre à cœur (de 15 à 17 minutes). Salez, poivrez, et coupez l'artichaut en 5 bâtonnets.

2 Versez et tournez la pâte sur le bilic chauffé. Disposez l'œuf, le fromage, l'artichaut et la poudre de wakame en les alignant dans le sens de la longueur.

3 Roulez la galette, beurrez-la avec du beurre fondu, et coupez-la en bouchées sur une planche avant de la présenter sur une assiette.

ACCORD PARFAIT

Cidre de Normandie extra-brut « Le cid' de la cuve », produit dans les vergers de Parigny.

Très équilibré entre sa vivacité presque iodée et l'onctuosité de sa mousse.

Préparation : 20 minutes
Cuisson : 2 heures + 3 minutes par galette

POUR 1 GALETTE

- 120 g de pâte à galettes de sarrasin
- 25 g de confit d'oignons de Roscoff au cidre
- 25 g de Petit Savoyard ou Comté
- 10 g de beurre demi-sel Bordier®

Le confit d'oignons de Roscoff au cidre (pour 500 g)

- 500 g d'oignons
- 65 cl de cidre brut
- 1 cuillerée à soupe d'huile d'olive
- 4 g de sel
- 25 cl d'eau

BREIZH ROLL

CONFIT D'OIGNONS DE ROSCOFF AU CIDRE, BEURRE BORDIER®

Pour réaliser le confit d'oignons, je recommande bien sûr les oignons rosés de Roscoff. À défaut, ou hors saison (ils ne sont disponibles que de la fin de l'été à la fin de l'hiver), des oignons roses méditerranéens, des échalotes cuisse-de-poulet ou simplement des oignons doux feront l'affaire.

1. Préparez le confit d'oignons au cidre : dans une casserole, réunissez l'huile d'olive, les oignons émincés, le sel et l'eau. Couvrez et faites cuire sur feu doux en mélangeant de temps en temps. Quand les oignons ont bien sué et sont cuits (ils doivent être souples et translucides), ajoutez-les et continuez de faire cuire à découvert jusqu'à ce que le liquide de cuisson soit partiellement réduit. Versez alors le liquide dans une autre casserole et faites-le réduire de moitié sur feu doux. Ajoutez le cidre réduit aux oignons et continuez la cuisson jusqu'à ce que l'ensemble soit doré. Conservez au frais dans un récipient bien fermé.
2. Versez et tournez la pâte sur le bilic chauffé. Quand la surface est sèche, parsemez-la de fromage et nappez du confit d'oignon.
3. Quand tous les ingrédients sont chauds, roulez la galette à l'aide d'une spatule.
4. Beurrez la galette, posez-la sur une planche, découpez-la en bouchées et présentez-la sur une assiette.

ACCORD PARFAIT

Cidre breton biologique demi-sec de Jehan Lefèvre.

Une douceur fruitée ponctuée de notes plus organiques.

Préparation : 10 minutes
Cuisson : 3 minutes

◇◇◇◇◇◇◇◇◇◇◇◇◇◇◇◇◇◇

POUR 1 GALETTE

120 g de pâte à galettes de sarrasin
65 g de tartare de chèvre

Le tartare de chèvre
60 g de chèvre frais
1 cuillerée à café d'un assortiment d'herbes fraîches ciselées (persil, ciboulette, cerfeuil, estragon…)
1 cuillerée à soupe d'huile d'olive
poivre du moulin

BREIZH ROLL

TARTARE DE CHÈVRE AUX HERBES

1 Préparez le tartare de chèvre en mélangeant tous ses ingrédients.

2 Versez et tournez la pâte sur le bilic chauffé. Faites cuire la galette sans garniture. Quand elle est bien cuite, beurrez-la et déposez-la sur une planche.

3 Étalez-y le tartare de chèvre, puis roulez la galette.

4 Découpez-la en bouchées et présentez-la sur une assiette.

ACCORD PARFAIT

Poiré de Suisse brut de Jacques Perritaz.

Une minéralité aérienne qui s'associe parfaitement avec le fruité de la poire sans le dominer. Bulles subtiles.

Préparation : 5 minutes
Cuisson : 3 minutes

BREIZH ROLL

CAMEMBERT, CONFITURE DE FIGUES ET MIEL DE FLEURS

POUR 1 GALETTE

120 g de pâte à galettes de sarrasin
10 g de beurre demi-sel Bordier®
10 g de miel de fleurs
60 g de camembert
30 g de confiture de figues

1 Versez et tournez la pâte sur le bilic chauffé, puis beurrez la galette. Une fois celle-ci bien colorée, décollez-la du bilic et laissez-la reposer sur une planche.

2 Coupez le camembert en bâtonnets et disposez-le sur toute la longueur de la galette.

3 Étalez un peu de miel sur le camembert.

4 Roulez la galette bien serrée, sans laisser d'air à l'intérieur.

5 Découpez en bouchées et dressez en ajoutant un trait de confiture de figues.

ACCORD PARFAIT

Cidre de Normandie domaine de La Galotière, Brut Prestige.

Généreux et élégant à la fois, offrant des notes de pommes bien mûres.

GALETTES DE SARRASIN

« La crêpe autrement », telle est la devise de Breizh Café. Au plan pratique, cela signifie mettre en valeur ce classique breton qu'est la galette — ou la crêpe de blé noir comme on dit ailleurs en Bretagne — avec les meilleurs produits de la région. Et ne pas s'interdire des garnitures d'inspirations très diverses qui s'harmonisent avec le goût unique du sarrasin.

BAIE DE CANCALE

Préparation : 10 minutes
Cuisson : 3 minutes
par galettes

◇◇◇◇◇◇◇◇◇◇◇◇◇◇◇◇◇

POUR 1 GALETTE

150 g de pâte à galettes de sarrasin
15 g de beurre demi-sel Bordier® + 15 g pour la finition
1 œuf bio
50 g de comté six mois d'affinage, râpé
50 g de jambon blanc artisanal (sans conservateur ni colorant)

GALETTE **COMPLÈTE**

ŒUF, JAMBON BLANC, FROMAGE

C'est la galette la plus classique, connue dans toutes les crêperies : simple mais excellente.

1 Versez et tournez la pâte sur le bilic chauffé, puis beurrez la galette.

2 Cassez l'œuf au centre, étalez le blanc en le séparant du jaune. Ajoutez le comté râpé, puis le jambon.

3 Pliez la galette en quatre et laissez cuire 3 minutes. Ajoutez le reste de beurre et servez sur une assiette.

ACCORD PARFAIT

Cyril Zang 2012.
Cidre complexe et structuré.

GALETTE **BEURRE BORDIER®**

DEMI-SEL, OU AUX ALGUES, OU AU PIMENT D'ESPELETTE

Préparation : 5 minutes
Cuisson : 3 minutes

POUR 1 GALETTE

120 g de pâte à galettes de sarrasin
Beurre demi-sel Bordier® ou beurre demi-sel Bordier® aux algues ou beurre demi-sel Bordier® au piment d'Espelette

Ce sont trois options parmi d'autres dans le vaste choix des beurres de mon ami Jean-Yves Bordier®. Bien entendu, vous pouvez choisir un autre de ses beurres : à l'huile d'olive citronnée, au yuzu, au sel fumé...

1. Versez et tournez la pâte sur le bilic chauffé. Faites cuire la galette bien croustillante.
2. Beurrez la galette avec le beurre de votre choix, pliez la galette et mettez-la sur une assiette.
3. Posez un morceau du même beurre sur la galette juste avant de servir.

ACCORD PARFAIT

Cidre breton brut Coat-Albret.

Un fruité présent mais discret, équilibré, avec une bulle légère.

Préparation et cuisson:
3 minutes

POUR 1 GALETTE

150 g de pâte à galettes de sarrasin
20 cl de lait ribot

GALETTE
SÈCHE AU LAIT RIBOT

Une préparation ultrarapide pour un usage vieux comme le monde : c'est peut-être le premier accord gourmand qu'on ait inventé en Bretagne avec la galette, un accord aussi basique que celui du pain et du beurre. Il est vrai que l'harmonie entre le goût du sarrasin croustillant et la fraîcheur acidulée du lait ribot est incomparable. Il est important de servir le lait ribot dans un récipient rafraîchi : placez-le au réfrigérateur au moins 1 heure à l'avance.

1 Versez et tournez la pâte sur le bilic chauffé. Faites cuire la galette bien croustillante.

2 Versez le lait ribot dans un récipient froid et servez-le avec la galette.

ACCORD PARFAIT

Cidre breton biologique Val de Rance.

Un brut rond légèrement fruité, doté d'une fin de bouche plus organique.

Préparation : 10 minutes
Macération : 12 heures
Cuisson : 3 minutes

POUR 1 GALETTE

120 g de pâte à galettes de sarrasin
50 g de Curé Nantais® coupé en bâtonnets
20 g de pruneaux macérés au chouchenn
20 g de noix concassées
10 g de beurre demi-sel

GALETTE **CURÉ NANTAIS®**

PRUNEAUX, CHOUCHENN, NOIX

1 La veille, faites macérer les pruneaux : dénoyautez-les, déposez-les dans un bol, couvrez-les de chouchenn. Couvrez le bol de film étirable et laissez reposer jusqu'au lendemain. Peu avant de servir, égouttez-les.

2 Versez et tournez la pâte sur le bilic chauffé. Quand la surface de la galette est sèche, disposez-y les bâtonnets de Curé Nantais®.

3 Roulez la galette, beurrez-la légèrement, posez-la sur une planche et découpez-la en bouchées.

4 Dressez la galette sur une assiette. Décorez le côté coupé de noix et de pruneaux au chouchenn.

ACCORD PARFAIT

Cidre Breton tradition de la distillerie du Gorvello.

Un brut tendre auquel la pomme Guillevic, acidulée, apporte un fruité presque exotique, atténuant ainsi l'amertume du fromage.

GALETTE CHAMPIGNONS

BEURRE D'AIL, BULOTS ET BLETTES

Préparation : 30 minutes
Cuisson : 47 minutes

◇◇◇◇◇◇◇◇◇◇◇◇◇◇◇◇◇

POUR 1 GALETTE

120 g de pâte à galettes de sarrasin
85 g de garniture aux bulots, aux champignons et aux blettes

La garniture
1 kg de bulots vivants
2 litres de court-bouillon
30 g de beurre demi-sel
300 g de champignons de Paris
1 petite échalote hachée
300 g de côtes de blette
15 g de beurre d'ail (beurre demi-sel malaxé avec de l'ail haché)
Poivre du moulin

1 Préparez les bulots : lavez-les à l'eau courante en les frottant vigoureusement avec du gros sel. Faites-les cuire ensuite 25 minutes dans le court-bouillon frémissant, laissez-les refroidir dans le court-bouillon puis décoquillez-les. S'ils sont gros, coupez-les en morceaux.

2 Préparez la garniture : émincez les côtes de blette et les champignons. Faites fondre le beurre dans une poêle et poêlez les champignons sur feu vif. Lorsque le jus de cuisson est évaporé, ajoutez l'échalote et les côtes de blette. Faites sauter jusqu'à ce que les blettes soient tendres (10 à 12 minutes). Ajoutez les bulots, le beurre d'ail, et poivrez.

3 Versez et tournez la pâte sur le bilic chauffé. Quand la galette est cuite, beurrez-la et pliez-la en rectangle.

4 Présentez la galette sur une assiette et déposez la garniture au centre. Servez.

ACCORD PARFAIT

Cidre breton brut du domaine de Kerveguen.

Charpenté mais sophistiqué — le tanin reste rond et légèrement boisé.

GALETTE **ÉPINARDS**

ŒUF MIROIR, FROMAGE RÂPÉ

Préparation : 20 minutes
Cuisson : 20 minutes +
3 minutes par galette

POUR 1 GALETTE

150 g de pâte à galettes de sarrasin
25 g de Petit Savoyard ou Comté
1 œuf
40 g d'épinards cuits
10 g de beurre demi-sel
Poivre noir du moulin

Les épinards
1 kg d'épinards frais
30 g de beurre demi-sel
2 gousses d'ail
Poivre du moulin

1 Lavez et équeutez les épinards. Égouttez-les et faites-les revenir dans une grande sauteuse avec le beurre et l'ail haché jusqu'à ce que les feuilles soient flétries. Couvrez et laissez cuire 15 minutes à l'étouffée sur feu doux. Égouttez les épinards, poivrez et rectifiez le sel si nécessaire. Réservez.

2 Versez et tournez la pâte sur le bilic chauffé. Quand la galette est colorée, étalez-y le fromage râpé.

3 Garnissez d'épinards cuits et laissez chauffer. Pliez et beurrez la galette. Dressez-la sur une assiette.

4 Faites cuire un œuf sur le plat et disposez-le sur la galette. Donnez quelques tours de moulin à poivre et servez.

ACCORD PARFAIT

Cidre de Bretagne Gorvello brut.

Remarquable par sa mousse dense, ses notes organiques et ses arômes de peaux de pomme.

Préparation : 15 minutes
Cuisson : 10 minutes
+ 3 minutes par galette

POUR 1 GALETTE

150 g de pâte à galettes de sarrasin
60 g de garniture d'asperges et de pois mange-tout
25 g de magret de canard fumé de Cherrueix
30 g de gruyère râpé
10 g de beurre demi-sel
Un peu de persil plat haché
Fleur de sel, poivre noir du moulin

La garniture
120 g d'asperges blanches (poids épluché)
120 g d'asperges vertes (poids épluché)
120 g de pois mange-tout
huile d'olive
1 magret de canard fumé en tranches
Sel

GALETTE ASPERGES

POIS MANGE-TOUT, MAGRET DE CANARD FUMÉ DE CHERRUEIX

1 Épluchez les asperges, parez les pois mange-tout. Faites blanchir les asperges et les pois mange-tout à l'eau bouillante salée pendant 1 minute, égouttez-les, puis faites-les griller dans une poêle. Quand ils sont tendres mais *al dente*, arrosez-les d'huile d'olive.

2 Faites griller les tranches de canard fumé sur le bilic. Réservez.

3 Versez et tournez la pâte sur le bilic chauffé. Quand la galette est colorée, étalez-y le fromage râpé. Laissez fondre le fromage.

4 Une fois le fromage fondu, pliez et retournez la galette. Beurrez-la et dressez-la sur une assiette.

5 Dressez les légumes grillés et le canard sur la galette, puis ajoutez une pincée de fleur de sel. Donnez quelques tours de moulin à poivre puis parsemez de persil plat.

ACCORD PARFAIT

Cidre de Mayenne brut tendre d'Éric Bordelet.

Une belle matière, une légère sucrosité contrebalancée par une douce minéralité.

GALETTE ARTICHAUT

JAMBON CRU, BEURRE BORDIER®

Préparation : 10 minutes
Cuisson : 3 minutes par galette

POUR 1 GALETTE

45 g de fonds d'artichauts cuits
10 g de beurre demi-sel Bordier®
130 g de pâte à galettes de sarrasin
1 œuf
35 g de fromage râpé
25 g de jambon cru Basque finement tranché
Poivre noir du moulin

1 Coupez les fonds d'artichaut en tranches et poêlez-les au beurre. Réservez.

2 Versez et tournez la pâte sur le bilic chauffé. Beurrez le milieu de la galette.

3 Cassez l'œuf sur la partie beurrée, puis écrasez la partie épaisse du blanc d'œuf pour l'étaler. Parsemez de fromage râpé et ajoutez l'artichaut sauté au beurre.

4 Quand la garniture est chaude et que la pâte est cuite, pliez la galette en carré et beurrez le bord.

5 Dressez la galette sur une assiette en disposant les tranches de jambon cru sur le dessus.

ACCORD PARFAIT

Poiré allemand Schwarz Birne brut de Dolde.

La minéralité vient dominer le fruit, mais ce poiré cristallin garde la subtilité d'un champagne.

Préparation : 5 minutes
Cuisson : 4 minutes

POUR 1 GALETTE

150 g de pâte à galettes de sarrasin
1 œuf
35 g de gruyère râpé
10 g de beurre demi-sel
30 g d'andouille en tranches fines
25 g de confit d'oignons au cidre (voir page 71)
15 g de crème de moutarde

La crème de moutarde
150 g de crème double (crème épaisse non fermentée)
100 g de crème fraîche
250 g de moutarde à l'ancienne

GALETTE **ANDOUILLE**

CONFIT D'OIGNONS AU CIDRE, ŒUF, CRÈME DE MOUTARDE

1 Préparez la crème : dans un saladier, fouettez légèrement la crème double. Ajoutez petit à petit la crème fraîche, puis la moutarde à l'ancienne.

2 Versez et tournez la pâte sur le bilic chauffé, beurrez le centre de la galette. Cassez l'œuf au milieu et « coupez » le blanc pour l'étaler sur la galette afin qu'il cuise vite.

3 Parsemez de gruyère râpé.

4 Faites légèrement griller l'andouille sur le bilic et déposez-la sur la galette.

5 Pliez la galette en carré, beurrez le bord. Ajoutez la crème de moutarde. Présentez sur une assiette.

ACCORD PARFAIT

Cidre breton brut Michel Paris.

Tanins et acidité s'harmonisent parfaitement avec la chair du fruit frais.

Préparation : 5 minutes
Cuisson : 4 minutes

◇◇◇◇◇◇◇◇◇◇◇◇◇◇◇◇◇

POUR 1 GALETTE

150 g de pâte à galettes de sarrasin
trois andouilles d'origine différente, 10 g de chacune, coupées en tranches
25 g de Petit Savoyard ou Comté
5 g de salade de roquette
2 g d'huile d'olive
Un peu de fleur de sel

GALETTE 3 ANDOUILLES

COMTÉ, SALADE DE ROQUETTE

Trois andouilles valent mieux qu'une. À Breizh Café, nous servons cette galette avec trois sortes d'andouilles artisanales de Bretagne, dont celle de la région de Cancale Saint-Malo et une de Guéméné. Libre à vous de faire jouer votre imagination ou vos trouvailles chez le charcutier : andouille de Vire, de Guéméné, de Baye (Finistère), du Val-d'Ajol, etc.

1 Versez et tournez la pâte sur le bilic chauffé. Faites cuire la galette sans garniture.

2 Parsemez de fromage. Quand il fond, pliez la galette en triangle.

3 Beurrez le bord de la galette, présentez-la sur une assiette.

4 Faites griller légèrement sur le bilic les trois sortes d'andouille, puis présentez-les sur la galette.

5 Assaisonnez rapidement la roquette de fleur de sel et d'huile d'olive. Dressez-la au centre de la galette.

ACCORD PARFAIT

Cidre breton P'tit Fausset brut de Gilles Barbé.

Rustique et organique, avec des notes de peau de pomme blette, ce cidre saura tenir tête à l'andouille.

Préparation : 15 minutes
Cuisson : 30 minutes

POUR 1 GALETTE

150 g de pâte à galettes de sarrasin
50 g de purée de pommes de terre chaude
40 g de pommes (fruits) sautées au beurre demi-sel
40 g de lard de ferme en tranches fines
15 g de sauce pommeau
10 g de salade de roquette (assaisonnée avec un peu d'huile d'olive et de fleur de sel)

La garniture
2 pommes
20 g de beurre demi-sel clarifié

La sauce pommeau
20 cl de pommeau
40 cl de jus de pomme
1 cuillerée à café d'échalote finement hachée
Un peu de thym
15 g de beurre demi-sel

GALETTE LARD DE FERME

POMMES, SAUCE POMMEAU

1 Préparez la sauce pommeau : dans une petite casserole, faites réduire le pommeau et le jus de pomme avec l'échalote et le thym. Lorsque la réduction devient sirupeuse, filtrez à travers une passoire fine dans une autre casserole et ajoutez le beurre en faisant tourner la casserole. Goûtez et rectifiez l'assaisonnement. Gardez au chaud.

2 Épluchez les pommes et coupez-les en tranches. Faites-les sauter dans le beurre clarifié jusqu'à ce qu'elles soient dorées. Faites griller le lard de ferme.

3 Versez et tournez la pâte sur le bilic chauffé. Quand la surface est sèche, nappez le centre de la galette de la purée de pomme de terre.

4 Pliez la galette en rectangle, retournez-la et beurrez-la.

5 Dressez la galette sur une assiette, ajoutez les pommes et la salade de roquette assaisonnée. Déposez le lard de ferme grillé sur les pommes. Arrosez de la sauce pommeau et servez.

ACCORD PARFAIT

Cidre breton brut de Jean-Pierre Sémery.

Un brut traditionnel mais sans rudesse ; saveurs acidulées rappelant la pomme Granny-Smith.

GALETTE **SICILIENNE**

TOMATE, MOZZARELLA, BASILIC

Préparation : 15 minutes
Séchage : 1 h 10
Cuisson : 3 minutes

POUR 1 GALETTE

150 g de pâte à galettes de sarrasin
100 g de tomates cerises (4 ou 5 couleurs)
50 g de mozzarella
1 botte de basilic
Beurre Bordier® aux algues
Quelques tomates séchées
Huile d'olive

Les tomates séchées
600 g de tomates cerises
Un peu d'huile d'olive, d'ail et de thym
Sel, sucre, poivre blanc du moulin

1 Préparez les tomates séchées : coupez les tomates cerises en deux, rangez-les dans un plat côté coupé vers le haut. Arrosez-les légèrement d'huile d'olive, et saupoudrez-les de sucre, de sel, de poivre, de thym. Faites-les chauffer 10 minutes au four à 130 °C puis faites-les sécher 1 heure dans le four éteint. Laissez refroidir, arrosez d'huile d'olive et conservez au frais dans un récipient à fermeture hermétique.

2 Versez la pâte sur le bilic chauffé. Étalez la pâte en triangle, beurrez la galette avec le beurre d'algues et pliez-la en triangle. Déposez-la sur une assiette.

3 Disposez sur la galette les tomates cerises fraîches coupées en deux, les tomates séchées, la mozzarella tranchée et quelques feuilles de basilic. Vous pouvez entourer la galette de basilic émincé à l'huile d'olive.

ACCORD PARFAIT

Poiré de Mayenne « Authentique » d'Éric Bordelet.

Demi-sec, frais et gouleyant — on aime ses notes fruitées et végétales.

Préparation : 10 minutes
Cuisson : 18 minutes

◇◇◇◇◇◇◇◇◇◇◇◇◇◇◇◇◇

POUR 1 GALETTE

150 g de pâte à galettes de sarrasin
1 aubergine (ou plusieurs selon le nombre de galettes que vous voulez faire)
50 g de comté
Beurre demi-sel, huile d'olive, poudre de curry
Sel, poivre blanc du moulin

GALETTE **AUBERGINE**

COMTÉ, POUDRE DE CURRY

1 Préchauffez le four à 180 °C (th. 6). Coupez l'aubergine en deux, incisez-la en plusieurs endroits. Déposez l'aubergine dans un plat allant au four. Enduisez-la d'huile d'olive et de poudre de curry, puis faites-la rôtir 15 minutes. Après cuisson, salez et poivrez.

2 Versez la pâte sur le bilic chauffé. Étalez la pâte en ovale. Quand la surface est sèche, parsemez-la de 40 g de comté râpé.

3 Pliez la galette en rectangle, beurrez-la avec du beurre fondu ; ajoutez l'aubergine et le reste de comté coupé en fines tranches, puis présentez la galette sur une assiette.

ACCORD PARFAIT

Cidre des Ardennes Capitaine Brut Prestige 2012.

Puissant et subtil, aux notes de fruits et de miel.

Préparation : 10 minutes
Cuisson : 3 minutes
par galette

POUR 1 GALETTE

150 g de pâte à galettes de sarrasin
10 g de beurre demi-sel Bordier®
40 g de saumon fumé
15 g de crème fraîche épaisse
Un peu de ciboulette ciselée
un peu d'aneth ciselé
20 g d'ikura (œufs de saumon)
1 filet de jus de citron
Quelques pluches d'aneth

GALETTE **SAUMON FUMÉ**

IKURA, CRÈME FRAÎCHE, ANETH

Ikura signifie « œufs de saumon » en japonais. Un ingrédient qui complète joliment le saumon fumé et donne une touche de luxe à cette galette.

1 Versez et tournez la pâte sur le bilic chauffé, puis beurrez la galette. Une fois celle-ci bien colorée, décollez-la du bilic et laissez-la reposer sur une planche.

2 Disposez le saumon fumé sur toute la longueur de la galette.

3 Mélangez la crème fraîche, la ciboulette, l'aneth et le jus de citron, et étalez cette crème sur le saumon.

4 Roulez la galette bien serrée, sans laisser d'air à l'intérieur.

5 Découpez la galette en bouchées et disposez les œufs de saumon sur chacune. Décorez de pluches d'aneth.

ACCORD PARFAIT

Cidre de Bourgogne de Jean-Marie Gois.

Un brut structuré où la pomme est très présente, mais une forte minéralité vient renforcer sa vivacité.

Préparation : 30 minutes
Déssalage : 12 heures
Cuisson : 20 minutes environ + 3 minutes par galette

POUR 1 GALETTE

120 g de pâte à galettes de sarrasin
25 g de Petit Savoyard ou Comté
50 g de brandade de morue
30 g d'andouille
30 g de salade verte assaisonnée à la vinaigrette
6 g de beurre d'ail fondu

La brandade de morue
750 g de morue salée
500 g de pommes de terre
100 g de beurre
8 g d'ail
100 g de lait
150 g de crème fraîche
2 cuillerées à soupe de persil plat haché
un peu de poivre blanc du moulin

GALETTE **BRANDADE DE MORUE**

ANDOUILLE, SALADE VERTE

La « terre-neuva ».

1 Préparez la brandade. D'abord, faites dessaler la morue : lavez la morue à l'eau glacée, retirez la peau et les arêtes, coupez la chair en bouchées. Mettez-les dans une passoire et déposez celle-ci dans une bassine remplie d'eau froide. Laissez dessaler toute une nuit, puis égouttez et épongez la morue avec du papier absorbant. Faites cuire les pommes de terre à l'eau, épluchez-les et coupez-les en tranches. Dans une casserole, faites cuire doucement le beurre et l'ail coupé en tranches sans le faire dorer. Ajoutez les pommes de terre et la morue ; faites cuire 2 minutes sur feu doux. Ajoutez alors le lait et la crème fraîche, couvrez, faites cuire 15 minutes sur feu doux en mélangeant de temps en temps. Assaisonnez de poivre blanc et mixez la préparation, goûtez et rectifiez l'assaisonnement. Si la brandade est trop épaisse, ajoutez un peu de lait. Ajoutez enfin le persil haché.

2 Versez et tournez la pâte sur le bilic chauffé. Quand la surface est sèche, parsemez légèrement de fromage, puis nappez de brandade de morue. Pliez la galette.

3 Faites légèrement griller les tranches d'andouille sur le bilic.

4 Dressez la galette sur une assiette, ajoutez l'andouille, entourez de salade verte et arrosez la galette du beurre d'ail. Servez.

ACCORD PARFAIT

Cidre normand brut « The Side Up » de Cyril Zang.

Structurée et minérale, cette cuvée allie force et finesse.

Préparation : 10 minutes
Cuisson : 15 minutes

◇◇◇◇◇◇◇◇◇◇◇◇◇◇◇◇◇◇

POUR 1 GALETTE

120 g de pâte à galettes de sarrasin
2 filets de sardine crus
1/2 tomate
1/4 d'oignon
10 g de beurre demi-sel
Un peu de beurre de persil

GALETTE **MILLEFEUILLE**

SARDINE, TOMATE, OIGNON, PERSIL

1 Préchauffez le four à 130 °C (th. 4-5). Retirez toutes les arêtes des filets de sardine avec une pince à arêtes. Coupez la tomate et l'oignon en tranches.

2 Faites cuire une galette sur le bilic chauffé. Coupez-la en trois rectangles. Beurrez-les légèrement.

3 Passez-les 10 minutes au four sur une plaque.

4 Faites griller l'oignon et les sardines.

5 Réalisez un millefeuille en alternant galette, oignon, tomate, sardine, galette... Terminez par un rectangle de galette.

6 Dressez sur une assiette avec un peu de beurre de persil fondu.

ACCORD PARFAIT

Cidre de Bretagne Coat Albret, brut fruité, entre brut et demi-sec.

Le fruit très présent, mais sans exubérance, vient souligner sa fraîcheur.

Préparation : 45 minutes
Cuisson : 20 minutes

GALETTE LANGOUSTINES

FENOUIL, ORANGE, GINGEMBRE

POUR 1 GALETTE

120 g de pâte à galettes de sarrasin
Quelques langoustines cuites au court-bouillon et décortiquées
40 g de fenouil à la crème
30 g de sauce orange-gingembre
15 g de salicornes blanchies

La garniture

1 kg de langoustines
2 litres de court-bouillon
20 g de beurre demi-sel clarifié
Quelques brins de thym citron frais
2 bulbes de fenouil
Crème fraîche
100 g de salicornes
Huile d'olive
Fleur de sel, poivre blanc du moulin

La sauce orange-gingembre

30 cl de jus d'orange
5 g de gingembre frais finement haché
3 g d'échalote finement ciselée
10 cl de jus de citron
15 g de miel d'oranger
10 g de beurre demi-sel
Poivre blanc du moulin

ACCORD PARFAIT

Cidre de Mayenne brut Argelette d'Éric Bordelet.

Vineux et complexe, avec un juste équilibre entre le fruit, l'amer et le minéral.

1 Préparez la sauce orange-gingembre : réunissez tous les ingrédients (sauf le beurre) dans une petite casserole et faites réduire pendant 5 minutes. Filtrez dans une autre petite casserole à travers une passoire fine, faites réduire jusqu'à ce que la sauce brille. Retirez alors du feu et ajoutez le beurre demi-sel en faisant tourner la casserole. Goûtez et rectifiez l'assaisonnement. Réservez au chaud.

2 Retirez les côtes fibreuses du fenouil pour ne garder que le cœur tendre. Coupez-le en petits dés. Faites cuire à l'étouffée avec quelques gouttes d'eau et un peu de sel. Quand le fenouil est tendre, ajoutez assez de crème fraîche pour lier le fenouil. Poivrez et rectifiez l'assaisonnement. Réservez.

3 Faites cuire les langoustines au court-bouillon, puis décortiquez-les. Réservez.

4 Faites blanchir les salicornes quelques instants à l'eau bouillante. Égoutter et assaisonnez avec un peu d'huile d'olive et de fleur de sel. Réservez.

5 Versez et tournez la pâte sur le bilic chauffé. Faites cuire la galette sans garniture.

6 Quand la surface de la galette est sèche et dorée, ajoutez le fenouil à la crème et pliez la galette en rectangle. Beurrez-la et dressez-la sur une assiette.

7 Dans une poêle, réchauffez les langoustines avec le beurre clarifié et le thym citron. Présentez-les sur la galette, arrosez de sauce et accompagnez d'un peu de salicornes.

Préparation : 40 minutes
Cuisson : 25 minutes

◇◇◇◇◇◇◇◇◇◇◇◇◇◇◇◇◇◇

POUR 1 GALETTE

120 g de pâte à galettes de sarrasin
45 g de sauce bisque
Herbes fraîches ciselées
Huile d'olive, beurre demi-sel fondu

La garniture de fruits de mer (pour 1 galette)
1/2 homard
2 crevettes
2 noix de saint-jacques
50 g de chair de crabe décortiquée (tourteau ou araignée) à partir de crabe vivant
100 g de palourdes
Huile d'olive, ail et échalote hachés, vin blanc sec
Gros sel marin, sel fin, poivre du moulin

La sauce bisque (pour 200 g)
1 gousse d'ail hachée
1 échalote hachée
1 cuillerée à soupe d'huile d'olive
120 g de bisque de homard (à acheter)
80 g de crème fraîche

ACCORD PARFAIT

Cidre de Normandie brut 2012 de Cyril Zang.

Un cidre très original, à la fois minéral, fruité, structuré et complexe.

GALETTE HOMARD

FRUITS DE MER, SAUCE BISQUE

Vous devrez adapter la quantité de fruits de mer au nombre de galettes que vous désirez réaliser : c'est pourquoi il est difficile de donner des mesures précises pour cette recette. Bien entendu, il vous est possible d'acheter la chair de crabe, les crevettes et les noix de saint-jacques déjà préparées.

1 Préparez les fruits de mer : dans une grande casserole, faites bouillir l'eau et ajoutez du gros sel. Faites-y cuire le homard (3 minutes), Les crevettes (2 minutes), le crabe (10 minutes), puis décortiquez-les.

2 Faites ouvrir les palourdes dans une casserole couverte avec un peu d'huile d'olive, l'ail, l'échalote et le vin blanc, puis décoquillez-les. Décoquillez les saint-jacques, rincez et égouttez les noix.

3 Préparez la sauce : faites revenir l'ail et l'échalote à l'huile d'olive pendant 2 minutes. Ajoutez la bisque de homard et la crème, portez à frémissement, rectifiez l'assaisonnement et réservez au chaud.

4 Versez et tournez la pâte sur le bilic chauffé. Étalez la pâte en ovale, ajoutez la chair de crabe et les palourdes, pliez la galette en rectangle et beurrez-la avec du beurre fondu. Faites chauffer un peu d'huile d'olive dans une poêle, poêlez rapidement le homard, les saint-jacques et les crevettes, salez et poivrez, puis dressez le tout sur la galette.

5 Nappez de sauce, ajoutez quelques herbes, et servez.

Préparation : 20 minutes
Cuisson : 15 minutes

◇◇◇◇◇◇◇◇◇◇◇◇◇◇◇◇◇

POUR 1 GALETTE

120 g de pâte à galettes de sarrasin
100 g d'huîtres de Cancale à la meunière
10 g de beurre de wakame
15 g de poitrine fumée finement émincée
5 g d'échalote hachée
1 cuillerée à soupe de crème fraîche
20 g de petits pois cuits à l'étuvée

Les huîtres à la meunière (pour 12 huîtres)
1 douzaine d'huîtres de Cancale
100 g de farine
50 g de beurre demi-sel clarifié
Sel, poivre blanc du moulin

Le beurre de wakame
100 g de beurre demi-sel
2 cuillerées à soupe de poudre de wakame

GALETTE HUÎTRES

POITRINE FUMÉE, PETITS POIS

Choisissez pour cette recette des huîtres pas trop grosses (n° 3 ou n° 4), et surtout bien charnues. Les huîtres tsarskaya de la baie de Cancale sont parfaites. Surtout, n'utilisez pas d'huîtres maigres et aqueuses.

1 Préparez les huîtres à la meunière : décoquillez les huîtres et égouttez-les bien dans du papier absorbant. Farinez-les et faites-les dorer sur toutes les faces dans le beurre clarifié. Salez, poivrez, réservez au chaud.

2 Préparez le beurre de wakamé en mélangeant le beurre demi-sel et la poudre de wakamé. Gardez au frais..

3 Versez et tournez la pâte sur le bilic chauffé. Faites cuire la galette sans garniture, et beurrez avec le beurre de wakame fondu.

4 Quand la galette est dorée, pliez-la en carré et dressez-la sur une assiette.

5 Faites fondre le beurre dans une poêle et poêlez-y la poitrine fumée. Quand elle est bien grillée, ajoutez l'échalote hachée et poêlez légèrement. Ajoutez la crème fraîche et laissez réduire.

6 Dressez la poitrine fumée sur la galette, ajoutez les huîtres à la meunière et les petits pois. Servez.

ACCORD PARFAIT

Cidre allemand Asekt Brut de Dolde.

Le fruit est dominé par la minéralité, la bulle est percutante mais fine.

Préparation : 35 minutes
Cuisson : 10 minutes

POUR 1 GALETTE

120 g de pâte à galettes de sarrasin
20 g de gruyère râpé
50 g de crevettes roses décortiquées
30 g de fèves préparées
40 g de sauce au curry corsaire
1 échalote nouvelle

La sauce au curry corsaire
2 tranches d'ail
1 cuillerée à café d'échalote hachée
2 cuillerées à soupe d'huile d'olive
4 têtes de crevette (à prendre dans la quantité de crevettes indiquée ci-dessus)
10 cl de vin blanc sec
20 cl d'eau
1 branche de thym
2 cuillerées à soupe de tomate concassée
1/2 cuillerée à café de curry corsaire (Épices Olivier Roellinger®)
15 g de beurre demi-sel

La garniture
1 kg de fèves
250 g de crevettes roses ou de bouquets vivants
50 cl de court-bouillon

ACCORD PARFAIT

Cidre de Bretagne brut Blanc d'Armorique de François Séhédic.

Sur une texture légère, des arômes fruités intenses.

GALETTE CREVETTES

FÈVES, SAUCE CURRY CORSAIRE

Pour gagner du temps, vous pouvez acheter vos crevettes déjà cuites chez le poissonnier ou en grande surface. Mais ne transigez pas sur la qualité ! Le curry corsaire, conçu spécialement pour les fruits de mer (et bien entendu, de préférence pour ceux de la baie de Cancale !), peut être acheté dans les boutiques d'épices Olivier Roellinger, ou en ligne sur son site Internet (www.epices-roellinger.com).

1 Préparez la garniture : écossez les fèves, plongez-les 1 minute dans l'eau bouillante puis immédiatement dans de l'eau glacée. Pelez les fèves entre vos doigts. Réservez. Par ailleurs, faites cuire les crevettes au court-bouillon, égouttez-les, laissez-les refroidir, puis décortiquez-les. Gardez 4 têtes pour la sauce.

2 Préparez la sauce : faites suer l'ail et l'échalote à l'huile d'olive dans une casserole sur feu doux. Ajoutez les têtes de crevettes, les tomates et le thym, et faites-les revenir en écrasant le tout. Quand la préparation commence à sentir bon, ajoutez le vin blanc et l'eau, puis laissez réduire d'un tiers. Filtrez dans une autre casserole à l'aide d'une passoire fine. Ajoutez le curry corsaire, laissez réduire de nouveau afin que la sauce prenne de la consistance. Retirez du feu, ajoutez le beurre en tournant la casserole, goûtez et rectifiez l'assaisonnement. Réservez au chaud.

3 Coupez l'échalote nouvelle en deux, faites-la griller sur le bilic, puis arrosez-la d'huile d'olive. Réservez.

4 Versez et tournez la pâte sur le bilic chauffé, puis beurrez la galette. Parsemez-la de fromage, puis roulez-la.

5 Dressez la galette au centre d'une assiette, disposez-y les crevettes et les fèves. Ajoutez l'échalote nouvelle et nappez de sauce.

Préparation : 20 minutes
Cuisson : 15 minutes

◇◇◇◇◇◇◇◇◇◇◇◇◇◇◇◇◇◇

POUR 1 GALETTE

120 g de pâte à galettes de sarrasin
80 g de moules de bouchot sauce au cidre et au curcuma
10 g de beurre demi-sel
1 pincée de safran
Un peu de persil plat haché

La garniture et la sauce au cidre et au curcuma
1 kg de moules de bouchot
1 petite carotte
1 petite courgette
1 branche de céleri
20 g de beurre demi-sel + 15 g pour monter la sauce
2 échalotes ciselées
1 branche de thym
20 cl de cidre
10 cl de crème fraîche épaisse
1/2 cuillerée à café de curcuma
Sel, poivre du moulin

GALETTE MOULES DE BOUCHOT

SAUCE AU CIDRE ET AU CURCUMA

1 Préparez la garniture : grattez, triez et lavez les moules. Coupez les carottes, les courgettes et le céleri en bâtonnets. Dans une casserole, faites fondre le beurre et faites suer les échalotes sur feu doux. Ajoutez les moules, le thym et le cidre, couvrez et faites ouvrir les moules sur feu vif en secouant la casserole une ou deux fois.

2 Préparez la sauce : retirez les moules de la casserole pour y faire cuire rapidement les bâtonnets de légumes. Récupérez le jus de cuisson dans une petite casserole, faites-le réduire, ajoutez la crème épaisse et le curcuma, puis le beurre. Goûtez et rectifiez l'assaisonnement. Décoquillez les moules et ajoutez-les à la sauce. Gardez au chaud.

4 Versez et tournez la pâte sur le bilic chauffé, puis beurrez légèrement la galette. Pliez-la en carré et présentez-la sur une assiette.

5 Disposez la garniture chaude sur la galette, parsemez de persil haché et de safran. Servez.

ACCORD PARFAIT

Cidre de Jersey
La Mare Wine Estate.

Brut gouleyant, finement fruité, notes de poire, bulles vives.

GALETTE **HARENG FUMÉ**

POMMES DE TERRE DE SAINT-MALO

Préparation : 10 minutes
Cuisson : 18 minutes

◇◇◇◇◇◇◇◇◇◇◇◇◇◇◇◇◇

POUR 1 GALETTE

150 g de pâte à galettes de sarrasin
60 g de filets de hareng fumé émincés
50 g de pommes de terre poêlées
20 g de crème fraîche épaisse
10 g d'œufs de hareng avruga (façon caviar)
10 g de beurre demi-sel

La garniture
500 g de petites pommes de terre de Saint-Malo non pelées
20 g de beurre demi-sel
Sel

1 Faites cuire les pommes de terre 15 minutes à l'eau salée, égouttez-les, puis poêlez-les avec le beurre afin de les dorer légèrement.

2 Versez et tournez la pâte sur le bilic chauffé. Quand la surface est sèche, ajoutez les pommes de terre et le hareng fumé.

3 Mélangez la crème et les œufs de hareng, nappez-en les pommes de terre. Couvrez et laissez chauffer.

4 Quand la galette est cuite et que la garniture est chaude, découvrez puis pliez la galette en carré.

5 Beurrez le bord de la galette, dressez-la sur une assiette.

ACCORD PARFAIT

Cidre de Normandie brut Huisnes d'Étienne Leroy.

L'amertume et la salinité très marquées sont toutefois adoucies par la rondeur de la bouche.

Préparation : 20 minutes
Cuisson : 1 heure

POUR 1 GALETTE

50 g de pâte à galettes de sarrasin
80 g de filet de poisson de votre choix
30 g de beurre demi-sel
20 g de pommes de terre cuite et tranchée
1/2 champignon shiitake (lentin de chêne)
Huile d'olive
1 pincée de thym

Le boulgour
30 g d'oignon
20 g de carotte
20 g de poitrine fumée
50 g de champignons de Paris
100 g de boulgour
25 cl de bouillon de volaille ou de fumet de poisson (ou plus si nécessaire)
40 g de crème fraîche
Beurre demi-sel, sel, poivre du moulin

La sauce beurre blanc au cidre
50 g d'échalote finement ciselée
1/4 de pomme
200 g de beurre demi-sel
50 g de vinaigre de cidre
20 cl de cidre brut
15 cl de fumet de poisson
10 cl de crème fraîche épaisse
Sel, poivre du moulin

POISSON **EN CROÛTE DE SARRASIN**

SAUCE AU BEURRE BLANC AU CIDRE

1 Préparez la sauce au beurre blanc au cidre. Émincez très finement les échalotes. Coupez la pomme épluchée en dés de 1 cm. Réunissez le tout dans une casserole avec le beurre et 1 pincée de sel et quelques tours de moulin à poivre. Couvrez et faites cuire sur feu doux. Lorsque l'échalote commence à suer, ajoutez le vinaigre de cidre et faites réduire à découvert presque à sec. Ajoutez le cidre et continuez la cuisson. Quand la sauce devient brillante, ajoutez le fumet de poisson et laissez réduire aux deux tiers. Ajoutez la crème, faites réduire de moitié, puis filtrez la sauce dans une autre casserole à travers une passoire fine. Gardez au chaud.

2 Préparez le boulgour : taillez l'oignon, la carotte et la poitrine fumée en petits dés. Tranchez finement les champignons. Dans une casserole, faites fondre un peu de beurre et faites suer la poitrine fumée. Quand son parfum s'élève, ajoutez les légumes et faites suer légèrement l'ensemble. Ajoutez le boulgour et le bouillon ou le fumet, portez à ébullition. Écumez, couvrez et laissez cuire 15 minutes sur feu doux. Sans découvrir la casserole, laissez reposer 20 minutes. Salez et poivrez. Gardez au chaud.

3 Versez la pâte à galettes sur le bilic chauffé. Étalez-la en ovale. Quand la surface est sèche, décollez-la du bilic et laissez-la refroidir.

4 Préchauffez le four à 200 °C (th. 6-7). Salez et poivrez les filets de poisson. Montez un « millefeuille » en superposant le poisson, les tranches de pommes de terre et le shiitake. Enroulez le tout dans la galette.

5 Dans une poêle chauffée, versez l'huile d'olive et faites cuire la galette en commençant côté jointure vers le bas. Retournez la galette, ajoutez le thym, puis faites cuire le tout de 5 à 6 minutes au four. Saler, poivrez, beurrez copieusement.

6 Dressez le boulgour sur une assiette. Ajoutez le poisson en croûte de sarrasin et arrosez copieusement de sauce.

ACCORD PARFAIT

Cidre de Bretagne Nérios de Johanna Cécillon.

Un brut complexe, tannique, organique, offrant des notes iodées en finale.

Préparation : 10 minutes
Cuisson : 1h10

◇◇◇◇◇◇◇◇◇◇◇◇◇◇◇◇◇

POUR 1 GALETTE

150 g de pâte à galettes de sarrasin
80 g de saucisse
60 g de pommes de terre confites
40 g de champignons de Paris sautés au beurre
15 g de fromage à raclette râpé
Poivre du moulin

Les pommes de terre confites
1 kg de pommes de terre de Saint-Malo
1 bouteille d'huile d'olive
3 gousses d'ail
2 branches de romarin frais
2 branches de thym frais
Fleur de sel, poivre du moulin

GALETTE SAUCISSE

POMMES DE TERRE, CHAMPIGNONS

1 Préparez les pommes de terre confites : préchauffez le four à 180 °C (th. 6). Lavez et égouttez-les pommes de terre sans les éplucher. Disposez-les dans une casserole et couvrez-les complètement d'huile d'olive. Ajoutez les gousses d'ail coupées en deux, le thym et le romarin. Faites chauffer au four pendant 1 heure, puis jetez l'excédent d'huile. Salez et poivrez.

2 Faites griller la saucisse sur le bilic. Réservez.

3 Versez et tournez la pâte sur le bilic chauffé. Ajoutez la saucisse grillée, les pommes de terre confites et les champignons.

4 Ajoutez le fromage à raclette, couvrez et laissez chauffer. Quand le fromage est chaud, pliez la galette, beurrez le bord, et dressez sur une assiette. Poivrez selon votre goût.

ACCORD PARFAIT

Cidre de Bretagne brut fermier du domaine Prié.

Le fruit se fait discret au profit de notes plus organiques. Mousse dense.

Préparation : 15 minutes
Cuisson : 25 minutes

POUR 1 GALETTE

150 g de pâte à galettes de sarrasin
6 sortes de légumes de printemps (au choix : carottes, navets, fenouils, petits pois, haricots, cœur de céleri, oignons nouveaux, etc.), épluchés et lavés
20 g de Petit Savoyard ou Comté
20 g de beurre de persil
2 noix de saint-jacques
20 g de poitrine fumée
Un peu de salade verte assaisonnée à la vinaigrette
Huile d'olive, beurre demi-sel
Sel, poivre blanc du moulin

GALETTE **LÉGUMES DE PRINTEMPS**

SAINT-JACQUES, POITRINE FUMÉE, BEURRE DE PERSIL

1 Faites cuire les six légumes selon la technique de votre choix (grillés, poêlés, vapeur...).

2 Versez et tournez la pâte sur le bilic chauffé. Étalez la pâte à galettes en ovale, ajoutez le fromage et le beurre de persil.

3 Poivrez les saint-jacques et poêlez-les dans un peu d'huile d'olive chaude, 2 minutes sur une face et 1 minute sur l'autre.

4 Retirez-les de la poêle, réservez-les et remplacez-les par les légumes afin de réchauffer ceux-ci.

5 Faites griller la poitrine fumée des deux côtés sur le bilic.

6 Pliez la galette en rectangle, beurrez-la avec du beurre demi-sel fondu, dressez-y les saint-jacques, la poitrine fumée et la salade vinaigrée. Arrosez de beurre fondu.

ACCORD PARFAIT

Cidre de Bretagne Divona de Johanna Cécillon.

Un cidre aux tannins très fins, dont les notes légèrement fumées laissent apparaître le fruit après aération.

Préparation : 15 minutes
Cuisson : 7 minutes

POUR 1 GALETTE

120 g de pâte à galettes de sarrasin
25 g de Petit Savoyard ou comté
30 g de pommes de terre violettes cuites et tranchées
30 g de champignons de Paris sautés
50 g de poitrine de porc salée coupée en lamelles de 3 mm d'épaisseur
15 g de vinaigre d'érable
30 g de confit d'oignon au cidre (voir page 71)
20 g de salade verte assaisonnée avec 10 g de vinaigrette
Beurre demi-sel, sel, poivre du moulin

GALETTE **POITRINE DE PORC**

POMMES DE TERRE, CHAMPIGNONS ET VINAIGRE D'ÉRABLE

1 Versez et tournez la pâte sur le bilic chauffé. Étalez la pâte en ovale.

2 Ajoutez le fromage, les pommes de terre, les champignons sautés. Salez et poivrez, pliez en rectangle.

3 Poivrez la poitrine de porc et faites-la griller à la poêle. Retirez la graisse en excès et déglacez avec le vinaigre d'érable. Laissez réduire.

4 Beurrez la galette avec du beurre fondu, ajoutez le confit d'oignon chauffé, la poitrine, la salade vinaigrée et le vinaigre d'érable réduit. Dressez sur une assiette.

ACCORD PARFAIT

Cidre de Bretagne Lan Roch de Jean-Yves Prié.

Un cidre sec tendre, doté de notes d'humus et de champignons frais, ainsi que d'un taux de sucre résiduel plus important que dans un brut. Cela renforce son côté charnu sans exacerber la saveur sucrée.

Préparation : 5 minutes
Cuisson : 8 minutes

POUR 1 GALETTE

120 g de pâte à galettes de sarrasin
80 g de foie gras de canard
1 figue sèche 1/2
50 g de chouchenn
20 g d'herbes fraîches mélangées
Un peu de vinaigrette
Beurre demi-sel, sel, poivre du moulin

GALETTE **FOIE GRAS**

FIGUE SÈCHE ET CHOUCHENN

1 Versez et tournez la pâte sur le bilic chauffé. Étalez la pâte en disque, beurrez avec du beurre fondu, pliez juste deux côtés de la galette ou pliez-la en carré.

2 Salez et poivrez le foie gras, poêlez-le avec les figues sèches. Lorsque l'ensemble est cuit, retirez-le de la poêle et déglacez celle-ci avec le chouchenn. Laissez réduire jusqu'à ce que le jus soit brillant.

3 Dressez les figues sèches et le foie gras sur la galette, ajoutez les herbes mélangées et assaisonnées de vinaigrette. Arrosez de la sauce.

ACCORD PARFAIT

Cidre de glace « neige première » de La Face cachée de la pomme.

Cette première récolte trouve son équilibre entre acidité et sucre, laissant ainsi une bouche fraîche, sans lourdeur ; les notes de fruits confits sont bien apparentes.

Préparation : 10 minutes
Cuisson : 1 h 25

◇◇◇◇◇◇◇◇◇◇◇◇◇◇◇◇◇

POUR 1 GALETTE

150 g de pâte à galettes de sarrasin
80 g de pommes caramélisées
80 g de boudin de ferme
20 g de sauce celtique
1 cuillerée à café de persil plat haché
10 g de beurre demi-sel

Les pommes caramélisées
2 pommes
30 g de beurre demi-sel
1 cuillerée à soupe de sucre

Le boudin
250 g de boudin découpé en tranches
20 g de beurre demi-sel clarifié

La sauce celtique
1 bouteille de cidre demi-sec
1 bouteille de cidre doux
15 cl de vinaigre de cidre
5 pommes Granny-Smith ou Royal Gala, avec la peau
200 g de sucre de canne roux
2 lanières de zeste d'orange
2 lanières de zeste de citron
2 bâtons de cannelle 1/2

ACCORD PARFAIT

Cidre de Bretagne doux Nantosuelta de Johanna Cécillon.

Un cidre solaire dont les tannins très présents viennent atténuer la saveur sucrée ; notes de pommes cuites.

GALETTE **BOUDIN DE FERME**

POMMES ET SAUCE CELTIQUE

1 Préparez la sauce celtique : réunissez tous les ingrédients et faites réduire environ 1 heure sur feu doux. Retirez les épices et les lanières de zeste, passez au chinois et conservez en bocal fermé au réfrigérateur.

2 Préparez les pommes caramélisées : épluchez les pommes, découpez-les en huit, épépinez-les et retirez le cœur. Faites fondre le beurre dans une poêle, saupoudrez-le de sucre en plusieurs fois et caramélisez les pommes. Si elles brûlent, ajoutez un peu d'eau. Réservez.

3 Versez et tournez la pâte sur le bilic chauffé. Quand la surface de la galette est sèche, retournez-la et faites cuire 10 secondes. Pliez la galette en carré et retournez-la sur une assiette.

4 Faites chauffer la poêle, ajoutez le beurre clarifié puis baissez le feu au minimum. Faites-y dorer doucement les tranches de boudin. Retournez-les avec une spatule. Attention, car elles collent à la poêle !

5 Disposez les pommes caramélisées tièdes et le boudin grillé sur la galette, arrosez de la sauce celtique chauffée. Parsemez de persil haché.

Préparation : 35 minutes
Cuisson : 1 heure
+ 3 minutes par galette

◇◇◇◇◇◇◇◇◇◇◇◇◇◇◇◇◇◇

POUR 1 GALETTE

120 g de pâte à galettes de sarrasin
20 g de Petit Savoyard ou Comté
6 g de beurre demi-sel
1/4 de pomme émincée
100 g de poulet au cidre
20 g de sauce au cidre
Herbes fraîches hachées
Sel, poivre du moulin

Le poulet au cidre
4 ailes de poulet (250 g)
5 cl de vinaigre de cidre
15 cl de cidre brut
2 gousses d'ail hachées
50 g d'échalote hachée
100 g de champignons de Paris émincés
1/2 pomme pelée, épépinée et coupée en cubes de 3 cm
1 branche de thym
100 g de crème fraîche
Beurre demi-sel, sel, poivre blanc du moulin

GALETTE POULET

POMME ET SAUCE AU CIDRE

1 Préparez le poulet au cidre : salez et poivrez les ailes de poulet. Poêlez-les dans un peu d'huile d'olive. Quand elles sont dorées, retirez-les et déglacez la poêle avec le vinaigre de cidre. Ajoutez le cidre, portez à ébullition et retirez du feu. Dans une cocotte ou dans une poêle, réunissez l'ail, l'échalote, les champignons, la pomme, les ailes de poulet, un peu de beurre, le thym, une pincée de sel et le cidre bouilli. Couvrez et laissez mijoter sur feu doux pendant 30 minutes. Feu éteint, laissez reposer 30 minutes sans retirer le couvercle. Ce temps écoulé, retirez tous les ingrédients de la cocotte, désossez les ailes et émiettez la chair à la main.

2 Préparez la sauce au cidre : filtrez le jus dans une autre casserole à travers une passoire fine, ajoutez la pomme cuite et laissez réduire. Quand le jus devient brillant, ajoutez la crème puis faites réduire de moitié. Mixez avec un mixeur plongeant, salez et poivrez, et ajoutez le beurre.

3 Versez et tournez la pâte sur le bilic chauffé. Étalez la pâte à galette en ovale, ajoutez le fromage, pliez la galette en rectangle et beurrez-la avec du beurre fondu.

4 Ajoutez la pomme émincée et le poulet au cidre. Salez et poivrez. Nappez de la sauce au cidre et garnissez des herbes hachées.

ACCORD PARFAIT

Cidre de Bretagne brut de François Séhédic.

Très bonne intensité aromatique, souple, avec une légère amertume.

CRÊPES DESSERTS

La crêpe bretonne doit être grande, fine, moelleuse, légèrement élastique, et cuite très rapidement. Elle est délicieuse juste avec du beurre et du sucre ou avec des garnitures plus élaborées. Pour la réussir, le meilleur froment bio local est nécessaire : choisissez une farine bio locale type 55 ou 65.

BAIE DU MONT SAINT-MICHEL

AMUSE CRÊPE

MOUSSE AU CHOCOLAT BLANC ET AU THÉ MATCHA, FRAISES

Préparation: 30 minutes
Réfrigération: 4 heures
Cuisson: 2 minutes par crêpe

◇◇◇◇◇◇◇◇◇◇◇◇◇◇◇◇◇

POUR 3 CRÊPES

240 g de pâte à crêpes
220 g de mousse au chocolat blanc et au thé matcha
180 g de fraises

La mousse au chocolat blanc et au thé matcha
80 g de crème liquide
45 g de lait
120 g de chocolat blanc haché en petits morceaux (chocolat Valrhona® Ivoire)
5 g de thé vert matcha

Le chocolat blanc est un excellent support pour le thé matcha utilisé comme ingrédient de pâtisserie. Cet amuse-crêpe composé de trois crêpes (comme les suivants) est à partager entre les convives de toute une tablée. On peut aussi le servir à l'heure du thé.

1 Préparez la mousse: faites fondre le chocolat blanc au bain-marie sans dépasser les 55 °C. Par ailleurs, faites chauffer le lait et le thé matcha dans une casserole en fouettant pour bien mélanger. Réunissez les deux préparations et laissez complètement refroidir. Fouettez la crème fraîche en chantilly. Quand elle est bien montée, incorporez le mélange chocolat-matcha en plusieurs fois, délicatement. Versez la mousse dans un bol en acier inoxydable, couvrez de film étirable et laissez entièrement refroidir au réfrigérateur (3 heures environ).

2 Faites cuire trois crêpes et laissez-les refroidir à plat sur une planche.

3 Lavez et équeutez les fraises.

4 Étalez la mousse au chocolat sur la moitié inférieure des crêpes. Au centre de la partie nappée de mousse, disposez les fraises en une ligne horizontale. Roulez les crêpes en partant du bas sans laisser d'air à l'intérieur, et enroulez-les dans du film étirable en serrant bien.

5 Gardez les crêpes au moins 1h30 au réfrigérateur.

6 Coupez les extrémités des rouleaux et découpez chacun en 8 bouchées. Au moment de la découpe, trempez votre couteau dans de l'eau chaude. Servez les bouchées sur une assiette.

ACCORD PARFAIT

Cidre d'Alsace demi-sec de Damien Zerr.

L'élégance d'un champagne et la générosité d'un poiré — car on y retrouve des notes de fruits blancs, notamment de poire.

AMUSE CRÊPE

CHOCOLAT, CARAMEL, GINGEMBRE

Préparation : 25 minutes
Réfrigération : 4 heures
Cuisson : 2 minutes par crêpe

◇◇◇◇◇◇◇◇◇◇◇◇◇◇◇◇◇

POUR 3 CRÊPES

240 g de pâte à crêpes
220 g de mousse au chocolat
10 g de caramel au gingembre

La mousse au chocolat
100 g de chocolat noir (chocolat Valrhona® Guanaja 70 % cacao)
60 g de lait
140 g de crème liquide

Le caramel au gingembre (pour 500 g environ)
300 g de sucre
135 g de beurre demi-sel
40 g de gingembre frais finement râpé

1 Préparez la mousse au chocolat : faites fondre le chocolat au bain-marie et portez le lait à frémissement sans le faire bouillir. Mélangez le lait au chocolat et laissez refroidir complètement. Fouettez la crème fraîche en chantilly et incorporez-y le chocolat en plusieurs fois, délicatement. Versez le tout dans un bol en acier inoxydable, couvrez de film étirable et laissez entièrement refroidir au réfrigérateur (3 heures environ).

2 Préparez le caramel au gingembre : faites cuire le sucre avec 15 cl d'eau dans une casserole jusqu'à obtention d'un caramel. Retirez du feu, ajoutez le beurre et le gingembre. Quand le caramel est « calmé », ajoutez 7,5 cl d'eau petit à petit en prenant garde aux éclaboussures. Laissez refroidir dans un récipient en acier inoxydable en mélangeant de temps en temps afin que le beurre ne se sépare pas du caramel. Passez au chinois (si vous le désirez) et conservez dans un bocal fermé.

3 Faites cuire trois crêpes et laissez-les refroidir.

4 Confectionnez pour chaque crêpe 8 quenelles de 10 g de mousse au chocolat et alignez-les horizontalement sur la partie supérieure de chaque crêpe. Roulez les crêpes sans laisser d'air à l'intérieur, et enroulez-les dans du film étirable en serrant bien.

5 Gardez les crêpes au moins 1 h 30 au réfrigérateur.

6 Coupez les extrémités des rouleaux et découpez chacun en 8 bouchées. Au moment de la découpe, trempez votre couteau dans de l'eau chaude. Servez les bouchées sur une assiette, arrosées du caramel au gingembre.

ACCORD PARFAIT

Cidre de Bretagne Nantosuelta.

Doux et charnu, avec une finale légèrement tannique. Notes de pommes chaudes et d'épices.

Préparation : 30 minutes
Cuisson : 20 minutes
+ 2 minutes par galette

POUR 1 GALETTE

120 g de pâte à galettes de sarrasin
80 g de pommes caramélisées
25 g de sauce caramel à la cannelle
50 g de glace vanille

Les pommes caramélisées
2 pommes
30 g de beurre demi-sel
2 cuillerées à soupe de sucre

La sauce caramel à la cannelle (pour 400 g environ)
300 g de sucre
135 g de beurre demi-sel
1 cuillerée à café de cannelle en poudre

ACCORD PARFAIT

Cidre de Mashique demi-sec 2013, Mashike Fruit Winery, Horitak Co. (Hokkaido, Japon).

Un cidre subtilement sucré dont les bulles fines réveilleront le caramel tout en accompagnant l'acidité de la pomme.

GALETTE POMMES CARAMÉLISÉES

CARAMEL AU BEURRE SALÉ, CANNELLE ET GLACE VANILLE

Cette recette originale est réalisée à partir d'une galette de sarrasin. Rien ne vous empêche de la faire avec une crêpe de froment.

1 Préparez les pommes caramélisées : épluchez les pommes, découpez-les en huit, épépinez-les et retirez le cœur. Faites fondre le beurre dans une poêle, saupoudrez-le de sucre en plusieurs fois et caramélisez les pommes. Si les pommes brûlent, ajoutez un peu d'eau. Réservez.

2 Préparez la sauce caramel à la cannelle : faites cuire le sucre avec 15 cl d'eau dans une casserole jusqu'à obtention d'un caramel. Retirez du feu, ajoutez le beurre et la cannelle. Quand le caramel est « calmé », ajoutez 7,5 cl d'eau petit à petit en prenant garde aux éclaboussures. Laissez refroidir dans un récipient en acier inoxydable en mélangeant de temps en temps afin que le beurre ne se sépare pas du caramel. Conservez dans un bocal fermé.

3 Étalez la pâte à galette sur le bilic chauffé. Quand la galette est cuite, pliez-la en carré et retournez-la sur une assiette.

4 Disposez les pommes caramélisées au centre, arrosez de la sauce caramel. Décorez le centre d'une quenelle de glace vanille et servez.

Préparation : 5 minutes
Cuisson : 2 minutes par galette

◇◇◇◇◇◇◇◇◇◇◇◇◇◇◇◇◇

POUR 1 GALETTE

120 g de pâte à galettes de sarrasin
20 g de miel de sarrasin
50 g de glace au sarrasin
2 g de graines de sarrasin soufflées (voir page 47)

GALETTE **SARRASIN**

MIEL, GLACE, GRAINES SOUFFLÉES

1 Étalez la pâte à galettes sur le bilic chauffé.

2 Quand la galette est cuite, pliez-la en triangle et déposez-la sur une assiette.

3 Versez le miel de sarrasin, et accompagnez d'une quenelle de glace au sarrasin.

ACCORD PARFAIT

Cidre basque demi-sec Basandere du domaine Bordatto.

Très bel équilibre en sucre et notes de pommes cuites, bulles discrètes et final légèrement amère.

Préparation : 5 minutes
Cuisson : 2 minutes par crêpe

◇◇◇◇◇◇◇◇◇◇◇◇◇◇◇◇◇◇

POUR 1 CRÊPE

80 g de pâte à crêpes
40 g de beurre demi-sel Bordier®
6 g de sucre roux

1 Étalez la pâte à crêpes sur le bilic chauffé.

2 Quand la crêpe est cuite, pliez-la en triangle et déposez-la sur une assiette.

3 Ajoutez le beurre tant que la galette est chaude, puis saupoudrez du sucre roux.

ACCORD PARFAIT

Cidre de Bretagne demi-sec Au Bonheur des Pommes.

Un cidre acidulé où le croquant de la pomme domine en bouche.

Préparation : 5 minutes
Cuisson : 2 minutes
par crêpe

◇◇◇◇◇◇◇◇◇◇◇◇◇◇◇◇◇◇

POUR 1 CRÊPE

80 g de pâte à crêpes
12 g de miel de pommier
1 filet de jus de citron
1 tranche de citron

1 Étalez la pâte à crêpes sur le bilic chauffé.

2 Quand la crêpe est cuite, pliez-la en triangle et déposez-la sur une assiette.

3 Étalez le miel de pommier sur la crêpe et ajoutez le jus de citron. Décorez d'une tranche de citron.

ACCORD PARFAIT

Cidre de Bretagne doux de Jean-Pierre Sémery.

Léger et vif, avec de jolies notes de pomme verte.

Préparation : 20 minutes
Cuisson : 2 minutes par crêpe

◇◇◇◇◇◇◇◇◇◇◇◇◇◇◇◇◇◇

POUR 1 CRÊPE

80 g de pâte à crêpes
150 g de banane fraîche
6 g de sucre roux
25 g de sauce caramel au rhum

Le caramel au rhum (pour 500 g)
300 g de sucre
40 g de crème fraîche
1,8 cl de rhum brun
135 g de beurre demi-sel

CRÊPE **BANANE**

SAUCE CARAMEL AU RHUM

1 Préparez la sauce caramel au rhum : faites chauffer le sucre et 15 cl d'eau dans une petite casserole jusqu'à obtention d'un caramel. Hors du feu, ajoutez 4 cl d'eau puis la crème petit à petit, tout en mélangeant à l'aide d'un fouet. Ajoutez le rhum et faites cuire quelques instants, puis ajoutez le beurre hors du feu. Conservez dans un bocal fermé.

2 Pelez les bananes, coupez-les en 5 ou 6 morceaux.

3 Saupoudrez les surfaces coupées de cassonade et caramélisez-les au chalumeau. Alternativement, faites caraméliser à la poêle les rondelles de banane avec le beurre demi-sel et la cassonade.

4 Étalez la pâte à crêpes sur le bilic chauffé. Quand la crêpe est cuite, pliez-la en triangle et déposez-la sur une assiette.

5 Ajoutez les bananes et arrosez de sauce caramel au rhum.

ACCORD PARFAIT

Cidre de Bretagne Carpe Diem d'Éric Baron.

Élevé en fût de chêne, ce cidre est moelleux, sophistiqué, fin, boisé et vanillé, avec une mousse onctueuse.

Préparation : 25 minutes
Cuisson : 2 minutes
par crêpe

POUR 1 CRÊPE

80 g de pâte à crêpes
40 g de crème de citron
un peu de zeste de citron jaune râpé
un peu de zeste de citron vert râpé

La crème de citron
80 g de jus de citron
75 g de sucre
1 œuf entier + 1 jaune d'œuf
100 g de beurre demi-sel Bordier®

CRÊPE **CITRON**

CRÈME DE CITRON ET ZESTES

1 Préparez la crème de citron : fouettez les œufs et le sucre jusqu'à ce qu'ils blanchissent. Incorporez à fouet le jus de citron et faites chauffer au bain-marie (l'eau doit être frémissante sans être bouillante). Lorsque le mélange épaissit, retirez du feu et ajoutez le beurre demi-sel. Mélangez et laissez refroidir.

2 Étalez la pâte à crêpes sur le bilic chauffé. Quand la crêpe est cuite, pliez-la en triangle et déposez-la sur une assiette.

3 Nappez la crêpe de crème de citron.

4 Parsemez la crêpe de zeste de citron jaune et de citron vert râpés. Servez.

ACCORD PARFAIT

Cidre des Ardennes demi-sec Le Flatteur du domaine Capitaine.

Tout en finesse, cette cuvée gourmande reste fraîche et légère.

Préparation : 20 minutes
Cuisson : 20 minutes
par crêpe

POUR 1 CRÊPE

80 g de pâte à crêpes
1 poire pochée au vin blanc
40 g de sauce au chocolat
Quelques amandes caramélisées

Les poires pochées au vin blanc
8 poires
75 cl de vin blanc
150 g de cassonade
1 orange coupée en tranches
1 gousse de vanille fendue dans le sens de la longueur
1 bâton de cannelle
20 g de miel

Les amandes caramélisées
50 g d'amandes effilées
30 g de sucre

La sauce au chocolat
100 g de chocolat noir
10 cl de lait

CRÊPE **POIRE**

VIN BLANC, CHOCOLAT, AMANDES

Une variante de la classique poire Belle-Hélène adaptée à la crêpe bretonne.

1 Préparez les poires pochées : épluchez les poires, coupez-les en deux, retirez le cœur. Portez le vin à ébullition dans une casserole avec la cassonade, l'orange, la vanille, la cannelle et le miel ; ajoutez les poires et faites cuire 20 minutes sur feu doux. Retirez du feu et laissez refroidir.

2 Pour les amandes caramélisées, préparez un caramel avec le sucre et ajoutez les amandes. Enrobez-les bien de caramel et laissez refroidir. Émiettez pour séparer les amandes les unes des autres.

3 Préparez la sauce au chocolat en faisant fondre le chocolat avec le lait. Remuez bien pour lisser la sauce. Gardez au chaud.

4 Étalez la pâte à crêpes sur le bilic chauffé. Quand la crêpe est cuite, pliez-la en triangle et déposez-la sur une assiette.

5 Arrosez la crêpe de la sauce au chocolat, disposez la poire pochée au centre. Parsemez d'amandes caramélisées.

ACCORD PARFAIT

Poiré de Mayenne brut Granit d'Éric Bordelet.

La rondeur de la poire bien mûre, accompagnée de tanins fins mais bien présents.

Préparation : 5 minutes
Cuisson : 2 minutes par crêpe

POUR 1 CRÊPE

80 g de pâte à crêpes
1 pêche pochée
un peu de coulis de framboise
1 quenelle de glace vanille
Un peu de menthe fraîche

Les pêches blanches pochées
9 ou 10 pêches blanches
250 g de sucre
13 cl de vin blanc
50 cl d'eau
15 g de jus de citron

CRÊPE **PÊCHE POCHÉE**

COULIS DE FRAMBOISES, GLACE VANILLE ET MENTHE FRAÎCHE

Faites cette recette en été, au cœur de la saison des pêches. Si vous ne trouvez pas de pêches blanches, essayez avec des pêches jaunes, voire des brugnons ou des nectarines.

1 Préparez quelque temps à l'avance les pêches pochées : coupez les pêches en deux et dénoyautez-les. Plongez-les dans de l'eau glacée. Dans une casserole, portez l'eau à ébullition avec le sucre, le vin blanc et le jus de citron. Ajoutez les pêches avec précaution et posez un couvercle directement sur les pêches (pour cela, il vous faut un couvercle de diamètre inférieur à celui de la casserole. Cette technique japonaise s'appelle otoshi-buta et se pratique avec un couvercle en bois.) Faites cuire sur feu doux. Le temps de cuisson (de 15 à 30 minutes) dépend beaucoup de la maturité des pêches : veillez à ne pas trop les cuire ; il faut tester la cuisson régulièrement. Laissez refroidir les pêches dans le sirop puis épluchez-les.

2 Étalez la pâte à crêpes sur le bilic chauffé. Quand la crêpe est cuite, pliez-la en rectangle et déposez-la sur une assiette. Ajoutez du coulis de framboise.

3 Déposez la pêche pochée sur la crêpe et accompagnez d'une quenelle de glace vanille. Ajoutez un peu de menthe fraîche.

ACCORD PARFAIT

Cidre de Bretagne demi-sec Guillevic des druides de la cidrerie Nicol.

Notes intenses de fruits jaunes (pêche, abricot), cidre chamu et long en bouche.

CRÊPE ANANAS CARAMÉLISÉ

CARAMEL AU MALIBU® COCO

Préparation : 30 minutes
Cuisson : 20 minutes
+ 2 minutes par crêpe

◇◇◇◇◇◇◇◇◇◇◇◇◇◇◇◇◇◇

POUR 1 CRÊPE

80 g de pâte à crêpes
40 g d'ananas caramélisé
20 g de caramel au coco

L'ananas caramélisé
250 g de chair d'ananas frais
30 g de beurre demi-sel
50 g de cassonade
1 gousse de vanille

Le caramel au coco
300 g de sucre
135 g de beurre
15 cl d'eau
20 g de Malibu®
(liqueur de coco)
40 g de crème liquide
23 cl d'eau

1 Préparez l'ananas caramélisé : fendez la gousse de vanille dans le sens de la longueur. Coupez la chair d'ananas en petits dés. Faites fondre le beurre dans une poêle et ajoutez la cassonade, puis l'ananas et la vanille. Faites cuire en laissant caraméliser sur feu doux à moyen.

2 Préparez le caramel au coco : dans une casserole, faites bouillir le sucre avec 15 cl d'eau. Quand la préparation prend une couleur dorée, ajoutez 2 cuillerées à soupe d'eau tout doucement en mélangeant avec un fouet. Ajoutez le Malibu®, puis le beurre en faisant tourner la casserole.

3 Étalez la pâte à crêpes sur le bilic chauffé. Quand la crêpe est cuite, pliez-la en triangle et déposez-la sur une assiette.

4 Ajoutez l'ananas caramélisé et arrosez de caramel à la noix de coco.

ACCORD PARFAIT

Cidre de Bretagne demi-sec de la distillerie du Gorvello.

Une mousse aérienne, une fraîcheur de fruit exotique et notamment d'ananas, dans l'esprit d'un moscato-d'asti frizzante.

Préparation : 15 minutes
Cuisson : 2 minutes par crêpe

POUR 1 CRÊPE

80 g de pâte à crêpes
20 g de beurre de mandarine

Le beurre de mandarine
30 g de beurre demi-sel
50 g de confiture de mandarine

CRÊPE **MANDARINE**

La peau de la mandarine est souple et il est difficile d'en râper le zeste : pour cela, gardez le fruit 30 minutes au congélateur avant de le zester. Évidemment, cette recette peut être adaptée à d'autres agrumes : citron, orange, clémentine, citron vert...

1. Préparez le beurre de mandarine : faites fondre le beurre demi-sel et incorporez-le à la confiture de mandarine. Gardez au réfrigérateur.
2. Râpez le zeste de la mandarine. Pelez la mandarine et détachez les segments.
3. Étalez la pâte à crêpes sur le bilic chauffé. Quand la crêpe est cuite, étalez-y le beurre de mandarine. Roulez la crêpe.
4. Dressez la crêpe sur une assiette, parsemez du zeste de mandarine et ajoutez un quartier de mandarine.

ACCORD PARFAIT

Cidre brut japonais de Kyoto.

Remarquable par ses notes de fruits très exotiques, la finesse de ses bulles et sa vivacité rafraîchissante.

Préparation : 5 minutes
Cuisson : 2 minutes
par crêpe

POUR 1 CRÊPE

80 g de pâte à crêpes
30 g de confiture de fraises
30 g de confiture
de rhubarbe

CRÊPE **CONFITURES**

DE FRAISES ET DE RHUBARBE

Inutile de dire que vous pouvez interpréter ce classique avec la confiture de votre choix. Mais l'association fraise-rhubarbe est magique.

1 Étalez la pâte à crêpes sur le bilic chauffé.

2 Quand la crêpe est cuite, tartinez-la de confiture et pliez-la en rectangle.

3 Retournez-la sur une assiette.

4 Décorez aussi de confiture le dessus de la crêpe.

ACCORD PARFAIT

Cidre de Bretagne doux de Jean-Michel Paris.

On croque d'abord dans la pomme fraîche, puis une saveur plus acide se révèle en fin de bouche.

Préparation : 15 minutes
Cuisson : 15 minutes
+ 2 minutes par crêpe

POUR 1 CRÊPE

80 g de pâte à crêpes
1 pomme caramélisée
6 g de cassonade
2 cl de calvados

Les pommes caramélisées
4 pommes
15 cl de sauce caramel au beurre salé

La sauce caramel au beurre salé (pour 600 g environ)
300 g de sucre
135 g de beurre demi-sel

CRÊPE TATIN FLAMBÉE

AU CALVADOS, CASSONADE

1 Préparez la sauce caramel au beurre salé : faites cuire le sucre avec 15 cl d'eau dans une casserole jusqu'à obtention d'un caramel. Retirez du feu et ajoutez le beurre. Quand le caramel est « calmé », ajoutez 7,5 cl d'eau petit à petit en prenant garde aux éclaboussures. Laissez refroidir dans un récipient en acier inoxydable en mélangeant de temps en temps afin que le beurre ne se sépare pas du caramel. Conservez dans un bocal fermé.

2 Préparez les pommes caramélisées : épluchez les pommes, coupez-les en quartiers et retirez le cœur. Versez la sauce caramel dans une poêle chauffée, ajoutez les pommes et laissez caraméliser sur feu moyen en remuant plusieurs fois au cours de la cuisson (15 minutes environ).

3 Étalez la pâte à crêpes sur le bilic chauffé. Quand la crêpe est cuite, pliez-la en rectangle et déposez-la sur une assiette. Saupoudrez-la de cassonade.

4 Dans une petite casserole, chauffez le calvados, allumez-le à l'aide d'une allumette et flambez la crêpe. Ajoutez la pomme caramélisée.

ACCORD PARFAIT

Cidre de Normandie domaine de La Galotière demi-sec.

Charnu et généreux en fruit, notes de pommes très mûres et mousse presque crémeuse.

Préparation : 5 minutes
Cuisson : 2 minutes
par crêpe

POUR 1 CRÊPE

80 g de pâte à crêpes
40 g de sauce au yuzu
2 cl de triple sec Breton
Zeste de yuzu râpé

La sauce au yuzu
2 cl de jus de yuzu
6 cl de jus d'orange
40 g de sucre
2 cl de Grand Marnier®
20 g de beurre

CRÊPE SUZETTE

SAUCE AU YUZU, TRIPLE SEC BRETON

Vous trouverez le jus de yuzu (petit cédrat d'Asie orientale très parfumé) dans un magasin proposant des produits japonais. Vous pouvez aussi le commander sur Internet. Le zeste de yuzu râpé est plus difficile à trouver puisqu'il exige du yuzu frais ; remplacez-le alors par du zeste de citron vert ou de mandarine.

1. Préparez la sauce au yuzu : dans une petite casserole, faites réduire le jus de yuzu, le jus d'orange et le sucre sur feu moyen. Quand le mélange est réduit à moitié, ajoutez le Grand Marnier® et laissez encore réduire à consistance sirupeuse. Retirez du feu et ajoutez le beurre en faisant tourner la casserole.
2. Étalez la pâte à crêpes sur le bilic chauffé. Quand la crêpe est cuite, pliez-la en deux et coupez-la en deux. Déposez-la sur une assiette.
3. Arrosez la crêpe de la sauce et imbibez-la bien.
4. Parsemez la crêpe de zeste de yuzu râpé.
5. Faites chauffer le triple sec Breton dans une petite casserole, allumez-le et flambez la crêpe.

ACCORD PARFAIT

Cidre de Suisse demi-sec La Transparente de Jacques Perritaz.

Cidre élégant, dont la minéralité s'associe subtilement à des notes de fruits blancs (pêche blanche, poire).

Préparation : 5 minutes
Cuisson : 2 minutes par crêpe

POUR 1 CRÊPE

80 g de pâte à crêpes
30 g de fromage blanc légèrement sucré
20 g de confiture de framboises
30 g de crème Chantilly
1 lanière taillée dans une gousse de vanille
70 g de fruits rouges

Les fruits rouges (pour 10 crêpes)
15 g de framboises
20 g de fraises
10 g de myrtilles
8 g de groseilles
15 g de cerises
2 g de pistaches concassées
Un peu de menthe fraîche ciselée

AUMÔNIÈRE **FRUITS ROUGES**

FROMAGE BLANC, CHANTILLY, CONFITURE DE FRAMBOISES

1 Préparez les fruits rouges : lavez-les et égouttez-les. Équeutez les fraises et coupez-les en morceaux selon leur taille, égrenez les groseilles, dénoyautez les cerises. Mélangez tous les fruits rouges en ajoutant les pistaches concassées et la menthe.

2 Étalez la pâte à crêpes sur le bilic chauffé. Quand la crêpe est cuite, dressez-la sur une assiette.

3 Versez le fromage blanc au centre, garnissez de confiture de framboises. Ajoutez la crème chantilly et formez la crêpe en aumônière.

4 Nouez avec une lanière de vanille.

5 Accompagnez la crêpe des fruits rouges.

ACCORD PARFAIT

Moelleux de pommes de Bretagne Fleur de cidre de la distillerie du Gorvello.

Dans l'esprit d'un cidre de glace, sans bulles, ce nectar de pommes confites vient s'associer parfaitement à l'acidité des fruits rouges.

ANNEXES

BAIE DU MONT SAINT-MICHEL

TABLE DES RECETTES

Crêpes desserts

INDEX DES RECETTES

G

P

S

INDEX DES PRODUITS

MOT DE L'AUTEUR

Je n'oublierai jamais cette journée apocalyptique du 11 mars 2011, *qui a bouleversé ma vie et celle de mes proches.*

Cette région autour de Fukushima et Sendai *peut être comparée à notre pays de Bretagne par sa vocation agricole : cultures maraîchères, élevage, pêche, ostréiculture...*

Il est trop injuste que des paysans perdent tout à cause d'un accident nucléaire. Combien d'années faudra-t-il pour tout reconstruire ?

Je voudrais que tous les jeunes orphelins de cette région sinistrée conservent l'espoir de travailler et de bien vivre dans leur région, et de rebâtir leur patrimoine. Pour les aider, j'ai voulu reverser les droits d'auteur de cet ouvrage au profit de l'association Higashi Nihon Daishinsai Kodomo Mirai Kikin *(http://www.mirai-kikin.com/en/index.html).*

REMERCIEMENTS

À ma chère famille *pour leur encouragement et accompagnement au quotidien.*

Aux fidèles clients de Breizh Café *qui nous soutiennent...*

À nos précieux collaborateurs, *au Japon comme en France.*

BAIE DU MONT SAINT-MICHEL

Cet endroit superbe fait partie des sept merveilles du monde.

POINTE DU GROUIN

Sauvage et profondément découpée, couverte d'une flore d'une variété unique, la pointe du Grouin offre les plus fantastiques points de vue sur la mer.

SAINT-MALO

C'est la ville où j'ai rêvé d'habiter depuis mon enfance, et où je vis maintenant à l'occasion de mes séjours en France. Le paysage d'îles noires comme tracées avec un pinceau d'encre sur l'horizon m'évoque un immense jardin zen.

MOULIN DE LA FATIGUE

(ci-dessus et ci-contre)

Catherine a su pérenniser un savoir-faire ancestral. Merci Catherine !

TSUKIJI, TOKYO

(page de droite)

C'est mon marché préféré à Tokyo : dédié aux poissons et aux produits frais, c'est presque une ville dans la ville.

Photogravure : APS
Achevé d'imprimer en octobre 2019
sur les presses de l'imprimerie Pollina - 91264
Dépôt légal : Octobre 2014

Imprimé en France